羽毛球教学模式与训练方法研究

李 然 ◎ 著

吉林出版集团股份有限公司

图书在版编目（CIP）数据

羽毛球教学模式与训练方法研究 / 李然著. — 长春:吉林出版集团股份有限公司, 2023.5

ISBN 978-7-5731-3185-0

Ⅰ. ①羽… Ⅱ. ①李… Ⅲ. ①羽毛球运动－运动训练 －教学研究 Ⅳ. ①G847.2

中国国家版本馆 CIP 数据核字（2023）第 072645 号

羽毛球教学模式与训练方法研究

YUMAOQIU JIAOXUE MOSHI YU XUNLIAN FANGFA YANJIU

著　　者	李　然	
责任编辑	王　平	
封面设计	林　吉	
开　　本	787mm×1092mm　　1/16	
字　　数	251 千	
印　　张	11.5	
版　　次	2023 年 5 月第 1 版	
印　　次	2023 年 5 月第 1 次印刷	

出版发行　吉林出版集团股份有限公司

电　　话　总编办：010-63109269

　　　　　　发行部：010-63109269

印　　刷　廊坊市广阳区九洲印刷厂

ISBN 978-7-5731-3185-0　　　　　　　　　　　定价：78.00 元

前　言

羽毛球作为一项全民运动，自诞生以来便深受大众欢迎和青睐。羽毛球的功用不止强身健体，还能够提升身心素养及创新能力。随着现代体育思维的转变，针对羽毛球教学创新能力的挖掘从未停歇，且创新能力已经逐步成为羽毛球教学训练中不可或缺的重要元素。受素质教育与"终身体育"等创新理念的推动，创新能力培养已然具备了更丰富的内涵，并亟待探索和挖掘。据此，本书从羽毛球教学训练层面出发，尝试探讨创新能力培养的有效途径，以期实现羽毛球教学训练高质量发展。伴随我国教育事业的稳步发展，体育越来越成为关注的焦点。羽毛球教学训练作为其中的重要活动，同样需要契合教育的时代特点，不断利用全新的教学思维和技术，构建起完善的教育教学体系，帮助创新能力的培育和构建，塑造全新的羽毛球教学训练结构。

羽毛球教学是体育课程教学内容之一，在新课程教学改革中要求全面发展学生、关注学生素质教育的号召下，体育课程羽毛球教学工作得到了一定的关注。通过羽毛球教学能有效锻炼学生的身体，还能提升学生的心理素质，以运动的方式纾解学生内心的烦闷，推动学生身心健康发展。但从现阶段羽毛球教学效果的研究发现，羽毛球课程教学效果并不理想，基于此，本书将对羽毛球课程教学进行简要探讨，论述当前羽毛球教学存在的问题和教学特点，并提出相应的意见，为羽毛球课程教学效果的提升提供参考。

学生全面发展教学和素质教育工作的提出让体育课程教学事业受到了一定的关注，学校也由此开设了太极拳、交际舞、羽毛球、足球等相关课程，以顺应当下的教学要求进行人才培养。其中，羽毛球运动因其简便、要求少、益处多等特点被体育教师广泛选择，但由于教学方法不当，羽毛球课程教学效果大受影响。因此，要想发挥羽毛球教学的作用，推动我国体育教学事业的发展，就要选择正确的教学方法进行课程教学。

为了增强本书的学术性与严谨性，在撰写过程中，笔者参阅了大量的文献资料，引用了诸多专家学者的研究成果，在此一并表示最诚挚的感谢。由于时间仓促，加之笔者水平有限，在撰写过程中难免出现不足的地方，希望各位读者不吝赐教，提出宝贵的意见，以便笔者在今后的学习中加以改进。

李然

2023 年 12 月

目　录

第一章　羽毛球运动的基础理论

第一节　羽毛球技术基础理论

一、羽毛球技术结构

所谓技术是指那些在羽毛球运动中，具有一定连接形式的、科学的、合理的动作（或活动）。

所谓羽毛球技术结构是指组成羽毛球技术的动作（或活动）之间的普遍联系和相互作用的形式。研究羽毛球的技术结构能使我们从本质上区分羽毛球的各类技术，明确组成技术各动作间相互制约关系，为教学训练提供科学依据。

根据羽毛球运动的实际情况，尤其是羽毛球技术结构的特点，可将羽毛球技术大致分为两类：判断技术、动作技术。

（一）判断技术的结构

判断技术是感觉器官和神经系统共同完成的一个由一系列活动组成的特殊技术，这项技术的表现形式是人眼很难看到的，只能从运动员的移动和击球效果来辨别其水平的高低，判断技术的结构是：看→传入神经系统→大脑皮质的综合分析→传出神经系统。

这几个活动中，看是前提，综合分析是关键。只有看得及时、看得全面、看得准确，分析才能有可靠的依据。分析需要有一定的经验与理论做指导，理论水平的高低、分析综合能力的强弱，是影响分析综合效果的主要因素，因此我们必须通过提升视觉灵敏度、理论水平和分析能力来提高训练水平。

（二）动作技术结构

动作技术结构是：选位→引拍→迎球挥拍→球拍触球→随势挥拍→身体的协调放松还原。选位是前提，选位的好坏与移动有关，同时也与对技术的理解程度有关；引拍是决定击球力量和方向的重要环节，同时也会影响挥拍的效果；迎球挥拍要有力、及时；球拍触球是关键，随时可改变拍形、挥拍方向、挥拍速度；随势挥拍决定击球后球的稳定性、准确性；身体的协调放松还原是保证下一次击球有更充分的准备时间。以上一系列的动作，都要有身体各部位的协调配合，才能保证击球的质量。

羽毛球的技术动作很多，动作方法也各式各样，但在技术动作结构上却有相同的规律，即"选位→引拍→迎球挥拍→球拍触球→随势挥拍→身体的协调放松还原"。所以我们掌握了这一规律就等于找到了打开迷宫的钥匙，对羽毛球技术的入门、提高和改正错误动作提出了理论指导和依据。

二、羽毛球常用术语

（1）击球技术的分类：①以击球点在击球者身体位置的方向分类。②以击球者击球时在场上的位置分类。③以球的飞行弧线分类。

（2）正拍：用掌心一边的拍面击球，称为正拍。

（3）反拍：用手背一边的拍面击球，称为反拍。

（4）头顶球：击球者用正拍拍面击打反手区的上手球，称为头顶球。

（5）上手球：击球点在击球者肩部以上。

（6）下手球：击球点在击球者肩部以下。

（7）前场：前发球线附近至球网。

（8）后场：从端线至场内约1米处。

（9）中场：前、后场之间的区域。

（10）左、右场区：以发球区的中线为界，分为左、右两个场区。

（11）高远球：从场地一边的后场，以高弧度击到对方场地后场。

（12）平高球：从场地一边的后场，以较低的弧度（不让对方在半途拦截到）击到对方后场。

（13）平快球：从场地一边的后场，以较平的弧度击到对方后场。

（14）吊球：从场地一边的后场，把球以向下飞行的弧线击到对方近网场区。

（15）扣杀球：从场地一边的中、后场使球快速向下直线飞行到对方场区。

（16）平抽挡：击球点在击球员身体的两侧或近身，挥拍动作幅度较大的称为抽球，挥拍动作幅度较小的称为挡球，使球以与地面平行或向下飞行的弧线击到对方场区。

（17）挑高球：把球从前场或中场在低于球网处，向上以较高的弧度击到对方后场。

（18）推球：在靠近网的上部三分之一，使球以低平的弧线击到对方后场区。

（19）放网前球：使球从本方网前击到对方近网区。

（20）搓球：用拍面切击球托，使球带有旋转和翻滚飞行过网称为搓球。

（21）勾球：在网前使球以对角球路线击到对方网前。

（22）扑球：在近网高处把球以快速直线向下击到对方场区。

（23）组合技术：用两个或三个技术名称组合来表示某一击球在场上的位置和击出球的形式。如正手杀球、后场正手杀头顶高球、反手扑球、正手推对角、中场正手平抽等。

（24）拉开：把球打到对方场区左右、前后不同点上，使对方离开中心位置。拉开可分为全场拉开、左右拉开和前后拉开。

（25）重复球：两次或连续数次攻击对方的一个场区或一点。如重复后场、重复网前、重复后场正手等。

（26）下压：把前场高于网顶和后场高空下落的来球，用杀、吊、扑等技术还击，使对方处于防守的位置。

（27）追身球：趁对方立足未稳时，把球对准对方身体进行突击。

（28）吊上网：吊球后，在对方接吊放网前球时即快速上前控制网前，以扑、搓、勾、推等技术连续进攻或创造进攻机会。

（29）杀上网：杀球后迅速向前移动，封住前场，以扑、搓、勾、推等技术连续进攻。

（30）四方球：把球打在对方场区的四个角上，调动对方位置，伺机进攻。

（31）假动作：所做的身体动作和挥拍动作与实际击出的球在时间、方向或路线上不一致，它能把真实意图暂时隐蔽起来，造成对方判断错误。击球动作（高、吊、杀、扑、搓、推、勾）一致性好，也能达到与假动作相似的效果。

（32）突击：突然加快移动速度，并以起跳的方法拦截来球进行扣杀，使对方猝不及防。

（33）发球战术：发球不受对方干扰，只要在规则允许的范围内，发球者可以随心所欲地以任何方式将球发到对方接球区的任何一点。采用变化多端的发球战术，常常能起到先发制人、取得主动权的作用。因此，发球在比赛中占有重要地位。

（34）握拍：正确的、灵活多变的握拍方法，是击球手法的基础，握拍有利于手腕的发力，能控制击球力量的大小和击出球的飞行方向，在击球前握拍太紧是非常错误的，它会使前臂肌群紧张、僵硬，而且击球最后发力是靠手腕的闪动，也是前臂肌群的运动，握拍太紧，就极大地妨碍了手腕的发力。

（35）击球点：迎击羽毛球切记不可等球飞近身体再打，这主要包括：①高打，尽量在高点击球。上手击球时手臂要伸直（有时要跳起击球），网前球要尽量在网的上端击球。②前打，击球点要在身体的前面，不能在紧靠身体处或身体后面。重要的是击中的球刹那是挥拍速度最快的瞬间，击球发力不能太早或太迟，发力时间与击球点的配合至关重要。

（36）动作的协调性：挥拍击球时要做到全身动作协调配合，不僵硬，去除华而不实的多余动作。挥拍动作的协调性，实质上是指挥拍时身体各部位的协调配合，它不仅关系到击球时的发力，而且能节省体力。这在一个许多拍对击的回合中，或一场超过一小时的激烈比赛中就显得极为重要。应注意力量传递要连贯且恰到好处，爆发力要强。

（37）拍面的控制：在击中球时，如果拍面不是正击球托，就会损失一部分击球力量，这是羽毛球初学者容易犯的毛病。拍面的控制决定了击出的球能否贴网而过，也决定了一个高球能否陡直而下。击出球的飞行方向，也是在击中球的一瞬间由手腕变换拍面方向来控制的。

（38）击球动作的一致性：为增加击出球的战术效果，在后场击高、吊、杀、劈或网前击推、扑、搓、勾的引拍动作和挥拍前期动作相仿或一致，可使对方难以判别，同时也起到假动作的作用。保持动作的一致性必须从初学者开始就高度重视。

（39）步法：根据场区来划分，大致可分为上网球步法、后退步法、两侧移动步法、前后连贯步法和被动步法。

羽毛球步法中常运用垫步、交叉步、小碎步、并步、蹬转步、蹬跨步、腾跳步等。

三、站位与击球

（一）站位

运动员站在羽毛球场上的位置称为站位。站位通常有两种情况：一种是受限制的站位，如发球、接发球时运动员的站位，就必须按要求站在规定的区域内（左半区或右半区）。另一种是不受限制的站位，可根据自己或同伴（双打）的需要而选择站位，如单打的站位一般在离前发球线1米左右的中线附近，双打站位可根据双打两个运动员的具体战术需要而选择前后或左右的站位。

根据上文对羽毛球场地的划分，又可把不受限制的站位具体分为：左半区站位、右半区站位、前场站位、中场站位、后场站位。

（二）击球

击球是指运动员挥拍击球时，球拍与球接触的一刹那。运动员站在左半区迎击对方来球叫作左半区击球，在右半区的击球叫作右半区击球，而站在前场、中场、后场的击球，则分别叫作前场击球、中场击球、后场击球。除此之外，根据来球高度的不同，我们又可分为上手击球（高于肩的来球，击球点在肩上）和下手击球（击球点低于肩）。

四、持拍手与非持拍手

（一）持拍手

持拍手是指正握着球拍的手。非持拍手是指没有握球拍的手。在羽毛球运动中，我们经常听说正手技术、反手技术、正手击球、反手击球等术语。所谓正手技术是指握拍手同侧的技术，反手技术是指握拍手异侧的技术。如右手握拍的运动员，在击右侧球时所用的技术就称为正手技术，并由此派生出正手发球技术、正手击球技术等技术名称。

（二）非持拍手

在羽毛球运动中，非持拍手的功能主要是在发球时用来持球、抛球，在击球过程中用来平衡身体，以便更有效地击球。

五、击球的基本线路

所谓击球线路是指球被运动员击出后在空中运行的轨迹和场地之间的关系。

羽毛球运动员击球线路之多是无法胜数的，这里我们只研究决定羽毛球线路规律的几条基本线路。

我们仅以运动员（右手持拍）正手击出三条球路来分析球的线路名称。第一条是从自己的右方打球到对方的左方（球运行线路与边线平行）可称为直线，第二条打球到对方的右方（球运行线路与边线有较大的角度）可称为对角线，第三条打球到对方的中线（球运行线路与边线有较小的角度）可称为中路。同理，反手后场（中场、前场）的三条基本击球线路，亦可这样称呼。在具体称呼时，可与正手、反手结合。如正手直线、正手中路、正手对角线、反手对角线等。若在中线击球时，可这样称呼：打到对方场区的左方为左方斜线，打到对方场区的右方为右方斜线，打到中间为中路球。在对羽毛球线路的称呼上应注意如下问题：首先要看击球点和球的落点靠近哪里，击球点靠近右边线，而落点靠近中线，都称为正手中路球。其次要根据击球时所用技术名称，如反手搓球，可称为反手搓直线、反手搓中路球等。

总之，羽毛球的基本线路可分为五条，即左方直线、中路直线、右方直线、右方斜线（右方对角线）、左方斜线（左方对角线）。而根据击球运动员站的不同位置（左、中、右），每个位置又可分别击出直线、中路、斜线，因此又可派生出九条线路。羽毛球的击球线路之多无法描述，但其基本线路就那么几条，只要我们掌握了其中的规律，对我们的训练、比赛都是大有益处的。

六、拍形角度与拍面方向

拍形角度是指球拍面与地面所成的角度。拍面方向是指球拍的拍面所朝向的位置。

拍形角度可分为七种：拍面向下、拍面稍前倾、拍面前倾、拍面垂直、拍面后仰、拍面稍后仰、拍面向上。

拍面方向可分为三种：拍面朝左、拍面朝右、拍面朝前。

拍形角度和拍面方向控制得好坏对击球质量的影响是非常大的，所以我们必须在每一次击球中认真调整好拍形和拍面，并击打出符合要求的球。

七、击球点

所谓击球点是运动员击球时球拍与球相接触那一刹那的时间、空间位置。击球点包括三方面的内容：第一，包括球拍和球的接触点距地面的高度。第二，包括接触点距身体的前后距离。第三，包括距身体的左右距离。对击球点选择得是否合适，决定了击球质量，它将直接影响运动员击球的力量、速度、弧线、落点，最终影响运动员击球的命中率，造成失分，甚至失败。因此选择合适的击球点至关重要。

选择合适的击球点应做到如下两点：第一，判断要准。第二，步法移动要到位（步法要快）。只有做到了这两点才能保证调整到最合适的位置上击球，击球点才有保障。

八、击球的力量

击球的力量是指运动员用球拍击球时球拍给球作用力的大小。在羽毛球运动中，击球力量的大小将直接影响击球的质量，较大的击球力量将使对手没有充分的时间判断来球，即使判断正确，也可能由于没有时间移动步法而造成回球失误。击球力量的大小，主要体现在球运行的速度上。牛顿第二定律告诉我们："物体运行的加速度与它所受的外力成正比，与它的质量成反比。"用公式表示为：$F = ma$。由于球（标准的比赛用球）的质量是一定的，所以加速度的大小就取决于作用力 F。F 主要是运动员球拍所给予的。对同一运动员来说，他所使用的球拍重量也是一定的，那么增大击球力量的方法就只有增加挥拍的加速度。加速度是指速度的变化和发生这段速度变化的时间之比。用公式表示为：$a = (V_t - V_0) / t$。由此我们不难看出，击球前 $V_0 = 0$，当击球时，挥拍速度越快，V_t 越大，时间越短，t 越小，则 $a = V_t / t (V_0 = 0)$ 的值越大，加速度越大。因此我们可以这样说：增加羽毛球击球力量的原理是增加击球的加速度（挥拍的加速度），而增加加速度的方法又是由增加挥拍的即时速度而获得的。

增加击球的力量有如下五种方法：

第一，增加挥拍的加速距离。加速距离越长，球拍具有的能量越大，击球时传球的能量也就越大。由于球拍（或球）质量 m 一定，动能 mV 大，则速度 V 就大，V 大则加速度 a 就大，a 大则作用力 F 就大。

第二，击球时要靠身体各部位的协调配合。仅仅靠前臂、手腕将球拍快速挥动是有一定困难的，因此必须依靠腰的转动，腿的蹬地，上臂、前臂、手腕、手指的多种力量，既有局部肌肉本身的发力，又有其他部位肌肉发力传导过来的动量，最后汇聚到一起共同完成快速的挥拍动作。

第三，击球前身体各部位要放松。使身体各部位肌肉尤其是主动肌放松，并得到充分的拉长（拉长肌肉的初长度有利于发力），握拍亦要放松，在击球时再握紧球拍，这样不仅能发力击球，还不易疲劳。

第四，选择合适的击球点。击球点选择得好，能使动作得以充分完成，只有动作完成才能做出正确的击球动作，正确的击球动作是充分发挥击球力量的保障。

第五，提高运动员的力量素质。主要是提高指、腕、前臂内旋和外旋、上臂绕环、腰的转动、伸腰、收腰、下肢的蹬和跳等力量。而以上身体各部位力量的提高，应侧重于爆发力，这是提高击球力量最根本的方面。

九、击球的速度

球的速度是指球被球拍击出后在空中飞行的快慢，以及球被球拍击出后落到对方场区所需时间的长短。

由此可以看出，羽毛球的速度概念不完全等同于公式 $V = s / t$ 所表示的意思，而有其本身特殊的内容。我们所指的羽毛球的速度包括两个含义：一个是指球本身飞行的速度，我们且称之为"绝对速度"，另一个是指运动员将球击到对方场地所需的时间长短，我们且称之为"间接速度"。"绝对速度"好理解，只要运动员给球的作用力大，那么球的飞行速度就快。而"间接速度"的提高取决的因素就较多且复杂，首先取决于对方击球的位置和击球的方式。其次取决于我方击球所采用的方式、击球时间、击球力量的大小、弧线的高低、落点的远近。例如，对方回球到网前球，还方是在下降前期击球，还是在下降后期击球；是采用扑球技术，还是采用推球技术；是采用放网前，还是采用挑高球，是打在对方的前场，还是打在对方的后场或者中场。以上这些因素都决定回球的速度。可以这样讲，快是羽毛球技术的关键，球的速度快，就能调动对方、限制对方、打击对方，直至夺取最后胜利。因此，研究球的速度，提高球的速度，不仅是技术问题，也是战术、战略的问题。

提高击球速度的三种方法：

第一，加快回球速度。回球速度的快慢完全可以由自己控制，因此这是加快球的速度最主要的方法。回球速度的提高具体有以下三种：一是增加击球的力量（$F = ma$）并将力量完全用于打击球上，这样球向前的速度就快。二是控制好球拍的角度和拍面的方向，控制适当的弧线和落点。三是选好合适的击球点。

第二，加快判断速度、移动速度、前后场技术、正反手技术的连接速度。这些速度是提高球的速度的基础，它们之间是相互依存、相互制约、相互促进的关系，必须同时加强训练。

第三，提高速度素质。即提高反应速度、移动速度，主要是步法的移动速度。动作速度的提高，主要是手臂、手腕、手指动作速度的提高。另外要速度和力量相结合，提高速度耐力，只有这样才能保证加快球的速度。

十、球的弧线

由于球的重力作用，羽毛球被运动员击出后，在飞往对方场区的过程中总是呈弧线运行的。即使是强有力的杀球也不例外，只不过球飞行时呈现的弯曲程度较小罢了。我们将羽毛球在运行中呈现的这种弧线轨迹称作球的弧线。我们研究球的弧线主要是为了更好地掌握羽毛球飞行的规律，通过准确判断来球，控制回球的运行，从而达到争取主动、克敌制胜的目的。羽毛球术语中经常讲的是控制球的能力，其中很重要的一点就是控制球的弧线。

羽毛球弧线的特点是球刚被击出时弧线曲度小，越往后弧线曲度越大，最后甚至呈自由落体的垂直下落状态。这是由羽毛球的制作材料、本身的特殊结构、形状与空气的阻力共同导致的结果。所以我们必须充分利用这一特殊规律，制造出对羽毛球运动有特殊意义的弧线。

羽毛球的不同技术对弧线有不同的要求，因此我们在制造弧线时一定要考虑这一重要因素。例如，中后场的击高远球与中后场的吊网前球，这两种技术对这两条弧线的要求就不一样。高远球要求弧线曲度大，弧线长，打出距离远，球飞行的方向是底线高远球；而吊球则要求弧线的曲度小，弧线短，打出距离近，球飞行的方向是近网短球。

击不同弧线球的要求：

第一，要掌握影响弧线质量的主要因素。一是弧线的曲度，二是打出距离。在每一拍击球中都要在灵敏感觉的基础上，有意识地控制弧线的曲度和打出距离。

第二，要明确各种技术对弧线的特殊要求。例如，击高远球要高到什么程度，远到什么程度。也就是说后场击高远球要击出多大的弧线曲度，打出距离有多远。又如，后场击平高球，要平到什么程度（弧线的曲度），远到什么程度（打出距离）。

十一、球的落点

球被击出后落到对方场区的某一个地方就叫作球的落点。一般来讲，球的落点可以简化为几个区域，如将球击到对方场区的前场、中场、后场，而前场、中场、后场又均可分为左区、中区、右区三个部分。因此球场基本可以划分为九个击球区为我们经常要求的落点区。这是几个经常练习的基本落点区，在比赛中，运动员只要有意识地控制落点，并能将球击到这九个区的附近就达到了技术和战术的训练要求。

研究球的落点是羽毛球运动的一个重要内容，是"快、狠、准、活"技术风格的要求。"准""活"在球的效果上体现的就是落点准、落点多、变化大。只有具备将球击到不同落点区的能力和随心所欲地变化击球落点的能力，才可能取得好成绩。

（一）落点的作用

落点具体来讲有以下三方面的作用：

（1）扩大对方的击球范围。如击"四方"球，先左后右，先长后短，先近网后底线等彼此变化，迫使对手疲于奔命，应接不暇，造成对方击球失误或为我方创造得分的机会。

（2）利用落点攻击对方的弱点。例如，对方反手弱就专攻其反手，对方网前弱就专控制网前。

（3）利用落点专攻其难以回接的地方。一般来讲运动员的弱点是怕攻击追身球、过头球、双打两名队员站位的接合处等，这些都是较薄弱的地方。因此，在对击球的基础上，寻找机会攻击对方的这些弱点是有百利而无一害的。

（二）控制落点注意事项

（1）明确控制落点的目的。在明确目的的指导思想下才能主动、积极地去进行控制落点的练习。

（2）明确影响落点准确的因素。影响落点的因素是拍形角度、拍面方向、击球力量、击球时间、击球力量的方向。拍形要根据击球时间而定。一环扣一环，其中任何一个环节出了问题，球的落点都会控制不准。例如，网前击球，当击球点高时，拍形前倾可以大点，力量也可以大点，可抢上手攻击对方；当击球点低时，拍形被迫后仰，另外用力方向也得改变。所以我们在进行技术练习时，要在不同的击球点击球，才能体会击球点不同对拍形和击球力量的特殊要求。

（3）要死线活练，加强控制落点的意识培养。落点、路线、弧线虽然名称不同，但每一次击球都包括了这三个基本内容。因此在练习时要根据技术规格的要求、战术变化的需要，周密地考虑这三个内容之间的关系，认真地进行练习，每一拍球就像在比赛场上一样争取给对方造成最大的回球难度，在提高控制落点能力的同时，增强战术意识。

十二、羽毛球击球质量的五大要素

羽毛球运动是一项激烈的对抗性运动，取胜的关键在于高超的技术，其中击球技术的高质量也是取胜的关键。高质量的击球要符合"快、狠、准、活"的原则，而达到"快、狠、准、活"就必须弄清影响击球质量的五个主要因素。

（一）击球的力量

击球的力量决定着击球的速度，击球力量越大，球的速度越快（$F = ma$）。只有击球的力量大，才能使对方没有充分准备的时间而处于被动地位。

（二）回球的速度

尽管我们要求判断快、移动快、击球快等，但具体着眼点就是回球速度要快。不仅要提高回球的"绝对速度"，还要提高回球的"相对速度"，这样才能给对手以强有力的攻击，使其防不胜防，处于被动。

（三）球的弧线

弧线曲度的大小，打出距离的长短，都与球的速度有关，我们要想加快速度，提高准确性并灵活变化，就必须解决击球弧线的问题。

（四）球的落点

落点不仅要具有准确性，而且要具有攻击性。落点这一因素直接影响球的"狠、准、活"三方面。落点在另一个意义上讲可谓"狠"，落点到位可谓"准"，落点变化无穷可谓"活"，因此我们必须加强落点控制能力的训练，掌握落点控制的方法，在每次击球中都往控制落点上去努力。

（五）击球动作的一致性

击球技术由动作构成，技术的不同，其动作的具体方法也各有所异，但有些技术在动作方法上有很多相似的地方，我们在击球时，使这些动作方法尽量相似，就叫作击球动作的一致性。动作的一致性不仅增加了对方准确判断的困难，还可能给对方造成错觉，形成错误的判断，增加回球的困难，造成回球质量不高。例如，网前的搓、推、勾三项技术，在引拍、挥拍两个动作中就可以一致，在球拍触球的一刹那突然改变手腕、手指、挥臂的用力及拍形角度、拍面方向，就可以击出不同的球。这样，对方在球接触拍前很难判断出是什么性质的球，只有当球击出后才能做出判断，增加了判断的难度和移动的困难，进而影响击球的质量。因此无论是前场技术、中场技术，还是后场技术，都要努力追求类似技术动作的一致性，这样才能击出高质量的球。

以上五个要素是相互制约、相互依存、缺一不可的，同时这五大要素又和击球的命中率是矛盾的，提高了力量、速度、落点、弧线、击球动作的一致性，但相应降低了击球的命中率。因此，在训练中真正需要解决的矛盾就是质量和命中率的关系，只有做到击球质量和击球命中率的矛盾统一，既质量高（力量大、速度快、落点刁、弧线变化大，动作隐蔽）且命中率也高，才真正达到了我们的训练目的，才能使我们在比赛中立于不败之地，取得最后胜利，并不断提高击球的技术动作水平。

第二节　羽毛球运动的教学理论与方法

一、羽毛球运动的教学纲要

（一）羽毛球运动的教学目的

（1）通过羽毛球选项课的教学和专项身体素质的练习，促进学生身体素质和身体机能的全面发展，增强自我锻炼的意识，以此达到锻炼身体，终身受益的目的。

（2）使学生掌握羽毛球的基本理论、技术、战术，了解羽毛球比赛的规则和裁判法，能够在实践中加以运用。

（3）培养学生热爱祖国、热爱集体、团结协作和"一拍在手，信心全有"的勇敢顽强的意志品质，使其身心健康适应社会需求。

（二）教学要求

（1）教学中贯彻体育教学基本原则，讲解清晰，示范准确，严格要求，以教师为主导，学生为主体，精讲多练，讲究实效。

（2）严格执行教学常规，发展学生全面素质，教师不断加强理论学习、钻研教材，提高教学水平。

（3）教学依据和特点：

1）羽毛球的技术动作很多，动作方法各式各样。但在技术动作结构上都有相同的规律，即"选位→引拍→迎球挥拍→球拍触球→随势挥拍→身体的协调放松还原"。所以，掌握了这一规律，就等于找到了解决问题的方法，对羽毛球技术入门、提高和改正错误动作提出了理论指导和依据。

2）通过多年的实践，我们把羽毛球基本技术的核心技术归纳为："高、吊、杀、挡、放、挑，结合以合理的步法作为支撑"，以此来进行教学，效果甚优。

二、羽毛球的技术教学阶段

羽毛球技术教学除了要遵循一般的教学原理外，教学过程中还有其本身的特点。这些特点取决于羽毛球运动各项目的技术动作，因此，在安排这些项目的技术动作教学时，应遵循和符合动作技能形成的规律。羽毛球技术教学一般可分为三个阶段，即一般阶段、掌握阶段和提高阶段。

（一）一般阶段

1.任务

学习和初步掌握技术动作，使学生建立完整、正确的技术动作概念。

2.方法

通过教师的讲解、示范或运用现代化教学手段（如优秀运动员的技术录像等）、直观教具演示（如优秀运动员的技术图片、幻灯片等），使学生了解技术动作的整体过程、技术特征和要点、比赛规则和场地器材的规格，以及技术项目的发展概况和当前水平等。

3.特点

这一阶段是学生初步掌握技术的阶段。其生理特点是大脑皮层兴奋和抑制过程广泛扩散，内抑制较强，多种反射的暂进性联系还不稳定，处于泛化阶段。在技术动作上往往表现出过于紧张、动作不协调、节奏感和控制能力较差、易做出多余动作等特点。

4.教法重点与注意事项

（1）教法重点：强化正确的技术动作概念、正确的技术动作顺序和正确的技术动作结构。讲解、示范、演示、辅助技术手段的外力帮助等均以正面教学为主。

（2）注意事项：

1）教师的讲解要简明、具体、形象、生动，示范动作要正确、轻快、清晰。使用现代化教学手段或直观教具时，要通过语言提示来强调技术动作的正确顺序、结构和要领，使学生建立正确的技术动作概念。

2）选用的教学手段要有利于学生建立正确的动作概念，有利于学生主动完成动作。在教学中，通常采用降低练习条件或简化的动作进行练习。练习中要突出技术的主要环节，不宜过高地要求技术细节。

3）要重视预防和纠正学生在练习中出现错误动作。在纠正错误动作时不宜急于指出，以免造成强化错误的恶果，而应反复强调正确的技术动作要领，使其建立正确的技术动作概念。要多肯定其正确动作，增强其学习的信心和积极性。

4）这一阶段的教学时数不宜过多，对学生掌握技术的程度不宜要求过高，要求学生基本上能做出正确技术动作即可。

5）要保证学生有充足的练习时间和练习次数，让学生反复体会和练习，达到强化动作的目的。

（二）掌握阶段

1. 任务

在此阶段应基本掌握正确技术。

2. 方法

（1）逐步提高练习的条件和难度，加深学生对技术的理解，清楚技术环节之间的关系，提高学生观察和分析技术的能力。

（2）纠正错误动作，改进技术细节。

（3）通过多次重复完整的技术练习，达到掌握正确技术动作的目的。

3. 特点

这一阶段是学生由粗略掌握技术到基本掌握正确技术的阶段，其生理特点是大脑皮层兴奋和抑制逐渐集中，分化抑制加强，兴奋相对集中，内抑制逐步发展巩固，初步建立动力定型。在技术动作上，表现为多余动作逐渐消失，动作趋于准确、协调，但不巩固。当遇到新异刺激干扰时，又会出现泛化现象。总的特点是学生逐步掌握技术的细节和动作的节奏，能够较为正确地掌握完整的技术动作。

4. 教法重点与注意事项

（1）教法重点：这一阶段的教学指导由一般向个别发展。纠正错误动作时要分清原因，要使学生知其然并知其所以然，要提高学生观察和分析问题的能力。

（2）注意事项：

1）教师应采用启发式和发现式教学，加强学生观察和分析问题的能力。教师应注重讲解与提问相结合，找出错误动作与分析、纠正错误动作相结合，培养学生既能发现问题，又能分析和解决问题的能力。

2）既要重视主要技术环节，又要抓住动作节奏和技术细节进行教学，要加强学生技术的整体感和技术环节之间的密切联系。

除对带有一般性或普遍性的错误动作进行集中纠正外，应注意纠正个别学生的错误动作。对学生出现的问题，要帮助其分析原因。

3）纠正错误动作要对症下药，要有具体方法和要求。对一些掌握技术较慢的学生，要耐心细致，多看他们的长处，帮助他们树立信心。

4）要注意逐渐加大完整练习的比重。完整练习应逐渐过渡到按比赛规则进行，使学生体会和掌握完整技术动作的节奏感和连贯性。

5）由于学生的情况不同，可能出现两极分化的情况。这时教师的指导重点应放在帮助差生上。对于掌握技术较好的学生，可向他指导进一步提高的途径。

6）随着学生练习的速度和强度加大，应加强课堂纪律和安全的教育，注意预防伤害事故的发生。

（三）提高阶段

1. 任务

根据个人特点进一步改进和完善技术，提高运动成绩，提高理论知识水平和教学工作能力。

2. 方法

（1）针对学生个人特点提出改进和完善技术的方法。

（2）通过课堂讲授和引导学生查阅有关文献资料，扩大知识面，加深对技术的理解，提高观察和分析技术以及理论联系实际的能力。

（3）在提高课堂教学有效性的同时，加强对学生课外练习的引导和提示。

3. 特点

这一阶段是学生的技术由熟练到完善并表现出个人特点的阶段，其生理特点是大脑皮层兴奋过程高度集中，内抑制牢固，并形成牢固的动力定型。在技术动作上，表现为由掌握、熟练发展到较完善、自如。练习中，动作准确、省力、轻松，并能完成适合个人特点的技术动作，整个技术动作可以快速完成。

4. 教法重点与注意事项

（1）教法重点：这一阶段的教法指导，应着重于强调完善的技术与运动成绩的关系。应根据不同学生的具体情况，提出不同要求，指出努力的方向。

（2）注意事项：

1）这一阶段，由于学生学习成绩提升较快，教师指导学生在巩固和完善技术的前提下，注意提高技术的质量。

2）这一阶段，由于大多数都是完整技术练习，且强度大、速度快，教师应通过多种练习方法，调节上课的节奏和控制运动负荷量。同时也要加强观察和预防措施，防止课中出现伤害事故。

3）要求学生善于独立思考，加强学生辨别和分析技术的能力。教会学生正确的练习方法与步骤。并且介绍提高运动成绩的基本训练方法和手段等。

4）在学生技术水平和运动成绩不断提高的同时，还应注意理论知识的提高。这一阶段，教师可向学生介绍不同的技术类型、技术发展的特点和趋势等。

羽毛球运动技术教学虽然可以分三个阶段，但它们在教学的实际工作中是紧密相连、不可分割的。在教学实践中，教师应遵循教学过程的规律，结合羽毛球的特点和学生的实际，合理安排教学进程，达到提高教学效果和质量的目的。

三、羽毛球运动的技术教学方法

教学是教师和学生的共同活动，教学方法是教和学的桥梁，教学方法应包括教师教的方法和学生学的方法。教法与学法不是孤立的，而是相互关联的，因此，在羽毛球教学中既要注意改进教师的教法，又要注意指导学生的学法，两者结合，才能达到较好的教学效果。

（一）语言法（重点介绍讲解法）

语言法是教师运用生动形象的语言，指导学生掌握学习内容和进行练习的方法。在羽毛球教学中，最主要、最普遍的语言法教法形式是讲解法，它是教师用语言来表述羽毛球运动技术动作，与演示法和动作示范结合，可帮助学生建立羽毛球运动技术动作的正确概念，掌握技术动作的要领，可以提示学生预防错误动作的发生，提出改进技术的要求、建议等。在羽毛球运动技术教学中，合理运用讲解法应注意以下四点：

（1）讲解的目的要明确，教师应根据课程任务、内容、要求和教学的重点有目的地适时地进行讲解。

（2）讲解的内容要正确，并要使讲解的内容尽可能与学生学习的知识、技能、经验产生联系，使讲解的内容由已知向未知渐进地发展。

（3）教师的讲解要简明扼要，既要注意全面性，又要抓住运动技术的关键、重点和难点。讲解与动作示范、技术练习等方法结合效果往往更好。

（4）讲解要带有启发性，可以与提问、发问等教学手段结合使用，使学生在听讲时，思维积极活跃，使教与学产生共鸣。

（二）直观法（重点介绍动作示范法）

直观法指羽毛球教学中，借助感觉器官来感知动作的一种常用方法，包括动作示范、教具、模型、电影、电视等演示。示范法是直观法中最常用的、最重要的方法。教师（或指定的学生）以具体动作为范例，使学生了解所要学习的动作形象、结构、要领和方法。在羽毛球运动技术教学中，运用示范法时应注意以下三点：

（1）要有明确的目的性。教师的示范要根据教学任务、步骤以及学生的情况来确定，如教授新内容时，为了使学生建立完整的动作概念，一般要先做 1～2 次完整示范，然后结合教学要求，做重点示范。

（2）示范动作要正确。教师的示范是典范，应使每个学生都能感到教师示范动作的准确性、熟练性和便利性，使学生对动作形成正确的印象，并产生跃跃欲试的心理冲动。

（3）注意示范的位置、方向和时机。在羽毛球运动技术教学中，要根据教学的需要，选择最佳时机，展示或强化正确的技术动作。示范的方向应根据动作的结构和要求学生观察的动作部位而定，常用的示范包括正面示范、背面示范、侧面示范、正误对比示范等。示范与讲解结合起来，使直观与思维相结合。

（三）完整教学法

羽毛球教学中，完整教学法的特点是以完整的技术形式教学。其优点是有助于保证技术的完整性、连贯性和节奏，不会破坏动作结构与割裂动作和动作之间的内在联系。一般技术较简单的项目常采用这种方法。在羽毛球教学中采用这一教法时应注意以下三点：

（1）羽毛球教学中的完整教学法，并不意味着一开始就要求学生掌握完整的技术动作，而是在完整的练习形式中，有不同的教学重点的要求。

（2）在运用完整教学法时，不应一开始就要求学生很准确，也不能提出过高的要求。一般来说，先要求学生掌握动作的用力顺序、基本结构和动作节奏，而后再进一步要求动作的完成质量。

（3）羽毛球教学中，在运用完整教学法进行技术教学时，一般是先降低练习的条件或简化动作，在学生掌握了正确动作概念、结构和节奏后，再逐渐提高练习的条件，最后达到掌握技术的目的。

（四）分解教学法

分解教学法是把完整的技术分解为几个部分，使动作简化并易于掌握。逐步掌握技术的多个部分后，将它连贯起来，掌握完整技术。这一教法的优点是可将复杂的技术简单化，使学生容易接受。一般对于技术动作复杂的项目，可采用这种方法。羽毛球教学中采用这一方法时应注意以下三点：

（1）技术部分的划分要正确，要考虑到每一动作的前因后果及衔接关系，否则会破坏技术的完整性和动作节奏。

（2）分解教学的时间不宜过长。应根据学生技术掌握的情况尽快进行技术的完整性教学。

（3）分解教学法应与完整教学法配合运用。不应把两种教学法孤立起来，而是分解之中有完整，完整之中有分解，这样才能使学生尽快地掌握技术。

（五）羽毛球运动技术教学中学生产生错误动作的原因及纠正方法

在羽毛球运动技术教学中，教学阶段不同，教学的要求和目的不同，学生产生动作错误的原因不同，预防与纠正错误的方法也就不同。这一教法是羽毛球运动技术教学中使用最多，也是最基本、最重要的方法之一。

1. 对技术动作概念不清楚

在羽毛球技术教学中的一般阶段，学生往往由于对技术动作概念不清楚而导致错误动作的发生。这时学生感觉到动作不正确，但又不知错在什么地方，结果使学生产生急躁情绪，或者对自己的能力产生怀疑，导致学习的信心和积极性下降。

教师应注意观察和分析学生由于技术动作概念不清楚而产生的错误动作，只要能及时发现和纠正，效果将是显著的。尽管动作技术概念不清楚导致的错误主要表现在一般阶段，但在掌握和提高阶段，由于学生为了追求运动成绩，或者由于生硬地模仿一些优秀运动员的动作也会出现技术概念不清楚而产生错误动作的现象，因此教师在这两个阶段也应加强观察分析。

2. 身体素质较差

羽毛球运动技术项目，在练习中出现的错误动作各种各样，由于身体素质的原因，具体表现在动作程度上的错误，如可以基本做出动作的外形，但表现不出动作的实质和节奏，尤其是对那些既要求下肢和躯干的配合，又需要较高的身体素质的技术动作，这些学生根本就难以完成该项目的完整的技术，如跳杀球的完整技术。

对由于身体素质较差而产生错误动作的学生，如果对技术要求在课堂上急于纠正，往往欲速则不达，效果较差，甚至会造成学生自信心和自尊心的伤害。身体素质的提高，不是一朝一夕所能解决的，对这类情况的处理，一般是在课堂上，从学生的实际情况出发，适当改变练习的条件，暂时降低练习的难度和要求，使其着重掌握正确的技术动作，然后再适时、适当地提高练习的难度和要求。同时教师在课堂上应根据学生身体素质方面的主要弱点，增加一部分体能练习。教师应该向学生讲清其错误动作主要是由于身体素质差而造成的，要求学生在课外加强身体素质训练，以便能够达到教学的要求和标准。教师对这些学生应该表现出良好的责任心和耐心，除鼓励他们之外，还应对他们课外身体素质练习提供正确的指导。例如，重点发展哪些身体素质，如何选择练习的方法，练习的强度和数量应如何，等等。

3. 心理方面的障碍

在羽毛球运动技术教学中，教师的言行、课堂的组织、教法的运用、安全措施以及其他客观条件不当时，都会使学生在练习中产生错误动作。例如，教师过分强调技术的复杂性、示范动作失败、课堂组织不当、纪律不严、场地器材检查不细、教法运用不妥而产生伤害事故时，都会使学生产生心理方面的障碍。如因过分紧张而出现动作节奏混乱，因练习的速度、力量不足，而顾虑重重甚至不能完成技术动作。存在这种情况的学生，其动作上出现错误的原因，既不属于技术概念不清，也不属于身体素质不足，而是属于心理方面的障碍。例如，由于吊球时对指法运用要求较高，练习时下网情况较多，学生很容易失去信心、产生思想负担，会导致动作紧张。在教学中对纠正由于心理方面的障碍而出现错误动作的学生，首先应通过正确讲解、示范、分析原因等方法和手段消除学生的心理障碍。在练习中可先降低练习的条件和练习的强度，对学生暂时降低技术要求，也可以做一些专门练习或分解练习，帮助学生树立信心。

（六）运用预防与纠正错误方法时应注意的问题

（1）认真备课：备课时认真考虑在哪些技术环节动作上，容易产生哪些错误动作，考虑预防的措施。课前应了解学生的情况，上课时讲解要恰当，示范正确无误。

（2）查找原因：对错误动作要及时发现，就现象找原因。羽毛球运动技术教学中错误动作的产生，有时是单方面的原因造成的，有时可能是多种原因并存。例如，有些学生在练习过程中，产生错误动作的原因既有动作概念不清方面的，又有身体素质方面的。在这种情况下，应分清主次，对症下药。

（3）克服心理障碍：一般阶段出现的错误，大多是属于技术概念不清而产生的，对此应强调正确的技术动作要领，不要轻易肯定是错误动作。掌握阶段随着动作速度、用力幅度、练习强度的增大，学生产生错误动作更多的是由于身体素质较差造成的，这时应使教学方法和练习条件灵活多样，实事求是，区别对待；对由于心理障碍方面的原因而产生的错误动作，不要简单地就技术改技术，而应先消除心理障碍。提高阶段的错误动作大多是过分追求成绩产生的，这时只要讲清提高运动成绩的正确方法和途径，就能取得较好的效果。

（4）方法的灵活运用：对某些有支撑或能分解的动作有错误时，可采用直接帮助法，增强其肌肉感觉；对某些腾空的不能分解的动作，在有错误时，要采用诱导或限制的方法。预防和纠正错误动作的具体方法很多，如语言提示、直接帮助、改变练习条件、正误对比、心理暗示、诱导等。在教学中要针对学生出现错误动作的原因和具体情况，灵活选择运用。

四、羽毛球运动的基本学习方法

（一）课前预习与练习

这一方法是指学生在课前根据学习的进度和教师指定的学习内容，自己先阅读教材，初步了解将要学习的运动技术项目的内容，同时根据羽毛球运动的特点与要求，进行一些身体素质上的练习，为上课做好体能方面的准备。学生在运用这一方法时，应注意以下三点：

（1）要养成预习的习惯：学生要自觉养成课前预习和练习的习惯。应根据教师在预习指导中提出的要求，认真阅读教材，了解动作的概念和要求，对不清楚或难以理解的问题，应记录下来，在课堂上向老师请教。课前的练习，可以进行一些身体素质训练，也可练习上次课的一些技术动作，巩固学习的技术。

（2）预习要有计划：课前预习和练习应有计划地安排，课前的练习要恰当，不要做自己目前力所不能及的动作或练习，要防止发生伤害事故。

（3）预习要有正确的方法：教师对学生课前预习和练习应加强指导，帮助学生掌握正确的学习方法。

（二）相互指导练习

这一方法是指学生在课内或课外进行技术练习时，互教互学，既可培养学生观察和解决问题的能力，同时也可达到保证技术练习的正确性和质量的目的。运用这一方法时应注意以下三点：

（1）树立正确的动作概念：首先学生自己的技术动作概念要正确，并掌握了一些相应的练习方法和教法。要善于运用教师课堂教学中采用的方法。

（2）提高观察能力：要提高自己的观察能力和对错误动作的分辨能力，学会就现象找原因，提出改进方法和措施。

（3）积极分析问题：学习并正确运用多种练习的方法，要善于互相提出和发现问题，分析错误动作的原因，提出纠正错误的方法。要加强安全措施，防止伤害事故的发生。

（三）自学自练

这是指学生根据自己的实际情况，按照教师课上的提示和指导，进行自学自练的方法。运用这一方法时应注意以下两点：

（1）目的要明确：一般来说，可以分为两种情况：一是纠正课上的错误动作，强化正确的技术。二是为了提高运动成绩。前者练习时要认真按照教师课上的要求和指导进行，要经常用正确的技术概念和动作要领提示和对照自己；后者应弄清楚自己成绩提高的有效途径。

（2）提高自我评价能力：自学自练应得到教师的指导与帮助，学生应主动向教师请教，请教师根据自己技术掌握的情况，分析原因，找出差距，指导自学自练的方法、注意事项和安全措施等。在自学自练时应具备一定的自我调节和自我评价的能力。

（四）自我暗示学习

这一方法是指学生在羽毛球课内学习或课外练习中，通过有针对性的词语等刺激对自我的心理施加影响，即通过第二信号系统的作用，调节大脑兴奋水平和动作。在羽毛球技术教学的实践中证明，这是一种十分有效的学习方法。

运用这一方法时应注意以下三点：

（1）必须有正确的技术动作概念：技术动作概念和要领要清楚。在进行技术练习时，应首先在头脑中想一想正确的技术动作要领，提醒或暗示自己按正确动作要领进行练习。也可以先回忆一遍教师的动作示范，然后按其正确的示范动作和提示的动作要点进行练习。

（2）想练结合：注意在课堂教学中，教师对动作的分析和评价，尤其对自己练习时教师指出的错误动作要经常暗示自己特别注意，要多想多练，想和练相结合。

（3）要有信心：对身体素质较差或技术掌握较慢的学生来说，还应经常提示自己要树立坚定的学习信心和完成动作的身体能力。例如，"我一定能掌握技术""我能够完成学习任务"等。

五、技战术教学注意的事项

（一）由易到难，由简到繁

技战术训练内容的选择要根据选手的实际情况来确定，标准不要过高或过低，这样才能提高学生的训练兴趣。否则训练内容过易或过难，训练内容安排不适当等，都会影响学生学习的信心和积极性。对于一个技术动作的掌握通常要经过以下四个阶段：

（1）泛化阶段：学习技术动作初始阶段，表现为上下肢动作僵硬、配合不协调，击球不准，多余动作相互消耗体能等。这一阶段教学应降低难度，将完整技术动作分解为单个局部动作，熟悉、体会并模仿要领进行反复多次的无球练习，形成初步的正确动作动力定型，再上场进行定点定位、半固定等简单线路的练习，巩固正确动作。

（2）分化阶段：随着多余动作的逐步消失，技术动作要领进一步掌握，在独立完成系列动作的基础上，加强对正确和错误动作的认识，对练习中反复出现的错误技术动作，及时进行纠正。树立积极的击球意识，并在基本技术练习中学习基本战术的运用。

（3）巩固阶段：选手已掌握正确技术动作，上下肢协调用力，动作稳定。在此阶段教学训练应进一步树立正确技术概念，增强战术意识，加大击球难度，将已掌握的各项基本技术进行复杂组合，在实战中灵活运用。

（4）定型阶段：熟练掌握和灵活运用各项基本技术。步法合理，根据来球灵活地调整步幅，起动和回位节奏掌握恰到好处。手法灵活多变，一致性强，发展个人绝招技术，增强击球稳定意识，丰富战术知识。

教学训练内容必须由浅入深、由易到难、由简到繁、循序渐进地进行。训练的负荷量也应由小到大，做出合理的安排。

（二）注重长期系统科学的训练

良好的运动成绩是在多年不间断的系统训练过程中，随着身体素质的提高和技术动作的改进而获得的。如果运用不当，就不可能掌握和完善技术动作，不可能发展和提高身体素质。即使已经掌握了的技术动作和已经获得的身体素质，如果中断练习，也会逐渐消退。

教学训练的主要任务是提高身体素质，提高技术、战术和心理水平。这一切都需要经过不间断的科学系统的训练才能达到。为了使教学训练有目的、有要求、有步骤、有措施、有系统地进行，做到心中有数，逐步认识和掌握羽毛球运动的特点和规律，在教学训练中一定要重视教学训练科学、合理解决好基本技术与特长技术、技术训练与战术比赛、技术训练与身体素质、运动负荷—恢复—再负荷—超量恢复等多方面关系，使技、战术教学训练更加科学合理。

（三）掌握正确技、战术要领

不同的锻炼兴趣和目的使教学训练任务要求不同。以职业竞技为目的的教学训练是异常严格的，必须扎实掌握正确和全面的基本技、战术，才能获得高的竞技水平。以爱好和健身为目的的教学训练应注重"动"起来，达到锻炼出汗的目的即可。然而不论是哪种兴趣和目的，进行羽毛球运动都必须重视基本技、战术的规范性，掌握正确技、战术要领是教学训练的一项长期任务。技、战术要领掌握正确、合理，击球既有威力，节省体能，又能避免运动损伤，延长运动寿命，还能体验动作舒畅、姿态优美的良好感受。而技、战术要领不正确，击球既不能发挥有效的威力，动作别扭不协调，还容易受伤。

教学训练中应重视并努力掌握技术要领，不断改进和完善技、战术技能。防止在学习中因技术概念不明确、正确要领不巩固、教师没有及时提醒纠正，而形成错误的技、战术习惯的倾向。

（四）技术训练要带有战术意识

羽毛球技、战术受多种因素影响，基本技术只有在战术意识的有效控制下，才能合理运用，充分发挥威力。因此，教学训练不只局限于技术动作的掌握，更重要的是使学生在掌握技能的同时，学会在比赛环境下运用已掌握的技能，把击球战术意识的培养贯穿基本技术练习的始终。要求学生不仅要明确技术的操作方法，还要明确技术的战术作用及其相关运用方法，增强进攻、防守和过渡技术的战术转换意识，做到技术训练与实战运用并驾前行，使基本技术训练同战术意识训练密切结合，使训练更有效率，符合现代羽毛球运动发展的需要。

注意防止基本技术训练中出现技术训练与实战运用脱离现象。避免出现只强调技术动作要领的掌握，而忽视战术意识的要求，基本技术训练单一；学生只会完成技术动作，不懂得实战中灵活运用的方法，已掌握的技术不能在竞赛中真正高效地发挥作用等现象。

（五）注意兴趣的培养

兴趣对于羽毛球教学训练是个很重要的因素，如果人们对某件事物产生了兴趣，就可以保持长时间的注意，自觉、主动、积极地进行学习。教师应向学生展示准确、熟练、轻快、优美的运动技能，使学生通过视觉直接感知羽毛球运动规范性，初学阶段便建立一个正确、完善的形象，有助于提高学生学习兴趣和信心。

提高羽毛球技战术水平的最有效的方法就是在明确动作要领的基础上，进行反复多次的训练。通过反复练习，使掌握的技、战术要领形成固定的习惯模式，在竞赛中随心所欲地运用。因此，教学训练应采用丰富多彩的组织形式，多样化的训练方法手段，如用一些男女搭配练习、不同水平选手间交叉练习、多球练习、固定或不固定线路练习、直线和斜线结合、前场和后场结合等多样的训练方法，克服由于单调枯燥的基本战术练习使学生注意力分散的现象，巩固学生学习兴趣。

（六）教师教学训练基本要求

教师教学积极性的高低，教学方法的优劣，直接影响教学训练质量的好坏。在教学训练过程中，教师必须热爱自己的工作，热爱学生，努力提高理论水平，言传身教，以自身的规范行动影响学生。同时启发学生积极思维，培养他们分析和解决问题的能力，使直观的感知与积极的思维有效结合，保证教学良好的效果。

教师应具备羽毛球基础理论知识，传授正确的运动技能，了解人体生理运动常识，熟知羽毛球竞赛规则、裁判方法及竞赛管理知识，采取因材施教、循序渐进、直观示范等多种教学方法，科学、合理地组织实施教学训练课，保证教学环境的安全。

六、技战术教学训练常用方法

提高技术水平除在室内正规场地上持球练习外，在没有场地和对手的情况下，还可以个人在场外进行各种练习。场外练习简单，可操作性强，能帮助学生熟悉球性，增强球感，巩固技术动作。

（一）镜面挥拍练习

面对镜子做挥拍动作：面对镜子站立，进行发球、高远球、杀球、平抽球、挑球、推球、扑球等各种挥拍动作练习。为更清晰地观察击球拍面，可在球拍顶端拴一条布带，这样可更方便地从镜中观察击球点位置及击球拍面等动作是否正确。布带产生的声响则会提示挥拍的速度和练习者的发力情况。练习时应有意识地根据正确动作要领完成挥拍动作并通过镜子自我观察。例如，进行扣球动作挥拍，从镜中可以观察到击球拍面是否"正"，如果发现是用斜拍面击球，则要努力纠正；击球点是否足够"高"，如果手臂弯曲，则要努力纠正伸直手臂在高点球；发力是否"充分"，如果挥拍时布带声响过长，则说明力量未能集中，击球发力不充分。练习者应注意这些问题从而反复练习，直至掌握正确击球姿势，树立正确动作动力定型为止。

（二）击吊线练习方法

一是用绳拴住羽毛球并将其固定在高处，球托高度以练习者后场击球动作挥拍至肩上方最高点为准，原地用后场正手、头顶和反手击球动作，挥拍击打悬挂在空中的球托，从中体会击球拍面角度、发力时间和发力位置。此项练习也可以将球托换为树叶等参照物进行练习。

二是用绳子将羽毛球拴住并固定在身体前方腰部位置的高度，用前场正反手挑球或推球动作，挥拍击打球托，体会前场运用挑球、推球技术击球拍面的角度和发力。

（三）后场高手击球动作辅助挥拍练习

分解击球动作挥拍练习：面对墙壁站立，手肘上举，夹贴耳部，小臂向后弯曲，保持在肩上方与头齐平的位置。前臂外旋引拍，手腕充分向后伸展，上臂内旋带动手腕做屈伸向后场击球动作，体会手腕内旋击球要领。当拍挥至接近墙壁时，球拍正对墙壁，以解决因为斜拍面击球而影响击球发力的问题。该项练习在室内外任何可以面对墙壁的地方都可进行。

完整击球动作挥拍练习：以后场高远球击球前准备姿势面向墙壁站立，手肘上抬，小臂向后弯曲引拍，同时转体，用手腕向前挥拍，以球拍正面轻轻触墙。该练习的目的在于帮助练习者体会正拍面击球和高击球点，手臂在挥拍过程中要对挥拍速度的力量控制。

杀球的击球力量最大，速度最快，威力也最大，是进攻得分的重要手段。根据出球拍面角度的不同，杀球技术可以击出直线球和斜线球；根据击球力量的不同，可分为重杀和点杀；根据出球距离和落点不同，可分为长杀（落点在双打后发球线附近）和短杀（落点在中场）；根据击球时间差的变化，可有突击杀球等。

这些技术特点主要是根据战术变化的需要来采用的。例如，选手和对手都在场区的一边时，通常采用击斜线球技术来调动对方移动位置。而选手和对手处于对角场区状况时，则可采用杀直线球技术来增加对方回球的难度。重杀球速快、得分率高，但要求大力量击球，因此在体力不支或需要节省体力时，通常不会采用此种技术。点杀轻便灵活、突击性强，具有相当强的杀伤力，适用于多拍调动中的突击进攻。长杀和短杀依据落点不同，从战术效果上可起到落点距离和加大对手回球力量控制变化的作用。

　　无论何种杀球，基本的动作要领是大体相同的。在运用时要注意加强准备、引拍等基本技术动作环节的一致性，在击球瞬间主要是从力度和拍面角度上加以区别，即可带来不同的杀球效果。例如，杀直线球，要求在击球瞬间拍面要正对前方；而杀斜线球则要求击球瞬间的拍面向对角线方向稍做偏转；重杀要求选手将全身的力量集中起来，重重地击在球体上；点杀只要求手腕在击球瞬间短促而有力地闪动下压击球；长杀在击球的瞬间要求击球拍面与地面夹角稍大，使球飞行幅度稍平，距离加长，落点可以达到中后场位置；短杀则要求击球瞬间拍面与地面的夹角较小，达到球至高而下短距离向下飞行的效果。

第二章 羽毛球运动

第一节 羽毛球运动发展现状

近年来，随着人们生活质量的提高，健康问题受到越来越多的关注。高校体育教学的目的是增强学生的体质，为学生树立终身体育意识打下良好的基础，羽毛球运动作为高校体育教学的重要组成部分，具有普遍性、功能性、娱乐性、对抗性、社交性等作用，受到很多大学生的喜爱。本文通过访谈、问卷调查的方式，了解高校羽毛球运动发展的现状及存在的问题，为高校体育教学改革提供一定的理论依据。

随着国家对素质教育的重视，体育教育受到各阶段教学的重视，但受其他各方面因素的影响，目前我国学生的体质健康状况不容乐观。高校教育作为学校教育的最后一个阶段，必须为学生将来踏入社会创造良好的锻炼习惯，这样才能使其具备良好的体魄和精神状态面对未来的各种压力和挑战。羽毛球作为最受学生欢迎的项目之一，具有独特的性质，但其发展也受到限制，我们需要寻找一种全新的方式来促进其快速发展，让更多的学生和人群受益。

一、羽毛球运动的性质

（一）羽毛球运动的普遍性

羽毛球是项不受年龄、性别影响的体育运动，仅仅需要两个身体健康的人，两支拍子，一个羽毛球场，能够让羽毛球处于存活状态，起到流汗健身、愉悦身心的效果，只要具备以上条件就可以参与到羽毛球运动当中。

（二）羽毛球运动的功能性

随着电子产品的飞速发展，"低头族"与日俱增，大学生是这些群体的"主力军"。随着时间的积累，不该发生在青少年身上的腰背、颈椎疼痛的问题已提前发生，慢慢会有学生意识到这些问题的严重性。羽毛球运动属于一项全身运动，腿脚用力协调跑动,手臂、手腕、肩胛骨、腰等部位的有序合作,足以改善肩颈疼痛。通过此项运动,可以很好地提升学生的体质。

(三)羽毛球运动的对抗性

羽毛球可以用计分和非计分的方式进行对抗,一般计分的方式对抗性较大,需要不停地在场上来回跑动,运用合理的技战术来取胜。两方如果实力悬殊,肯定是技高一筹的一方取胜;实力相当的取胜一方应该是更具毅力、体力、决心的人。因此,羽毛球运动能够很好地培养一个人的意志品质。

(四)羽毛球运动的合作性

羽毛球运动分为男女单打,男双、女双、混双,双打需要两个人很好的默契,及时跑位、补球、轮转等,相互鼓励和支持,通过配合取得理想的成绩,一旦在比赛过程中出现相互埋怨,会严重影响比赛的结果。通过羽毛球运动,可以很好地锻炼学生们的团队合作能力。

(五)羽毛球运动的社交性

高校学生作为一脚踏入社会的人群,需要具备良好的社交能力。羽毛球是一项不分年龄、不分性别的体育项目,可以通过以球会友的方式结交不同年龄、不同阶层的社会人士。

(六)羽毛球运动的欣赏性

羽毛球运动由手上技术和脚下步法两个部分组成,缺一不可。高水平羽毛球运动员在场地上跑动击球时,手上刚劲有力,脚下跑动轻松自如,让旁观者有种赏心悦目的感觉,在两者激烈对抗时有复杂多变的球路,运动员前后两边跑动的线路让羽毛球比赛更具欣赏价值。

二、羽毛球运动发展现状及存在的问题

(一)优秀羽毛球教师的紧缺

近年来国内外的各项羽毛球赛事,受到了人们的普遍关注,再加上媒体对体育运动的报道及羽毛球的特质,涌现出一大批爱好羽毛球运动的群体,其中大学生占据很大比例。目前我国大多数高校体育还是公共体育课的教学模式,以常规项目为主,羽毛球主要作为一个选修项目进行开课,没有足够相匹配的羽毛球教师,满足不了学生对羽毛球技术的需求。希望相关部门能够根据学校体育教育的实际情况进行积极有效的教学改革,培养一批或引进一批匹配高校的羽毛球教师,让学生受益。

（二）羽毛球场地的不足

我国的各大高校体育课程一般以常规项目为主，场地设施首先要满足"三大球"篮球、足球、排球，羽毛球作为小球项目，要想展开正常教学，必须具备室内场馆的条件，受各方面的影响，很多高校无法满足室内羽毛球馆的条件，就算室内有场地，也是与篮球等场地共享。室内场地达不到教学的需求，直接影响学生的练习密度、教师的教学方式；有些高校只有室外羽毛球场地，加大教师的教学难度，大大降低了学生的练习兴趣，遇见风雨天气，更难开展教学。因此，场地的不足是高校羽毛球运动存在的一个严重的问题。

（三）教学方式单一枯燥

羽毛球教学一般以公共体育课或者公共选修课的形式开展，受上课时间的限制，一个班级 35 名学生，每个学生的基础有所差异，又受场地不足和人数过多的影响，不能有效实施分层次教学，只能集中按照一样的教学内容、教学进度授课。羽毛球技术分为手上技术和脚下步法两个内容，两个内容同等重要，在一般的羽毛球教学中，教师习惯以手上技术为主，而忽略脚下步法技术的重要性。单一枯燥的教学内容和教学方式会抵消学生的积极性，慢慢让学生丧失兴趣。

三、发展羽毛球运动的策略

（一）培养优秀教练

现如今越来越多的人喜爱羽毛球运动，不乏拥有高水平技术的非专业人士，包括体育教师，在不引进新教师的情况下，可以送有这方面爱好和有一定技术水平的教师到专门的机构进行一段时间的培训，可快速提升教师的技术水平，也能很好地提升教师的教学积极性，让老师受益，学生受益。

（二）改变教学模式

目前常规的教学模式就是教师集中教技术，学生分组练习，教师在一旁指导纠正，这种教学模式在初级教学中可以广泛运用，等学生达到一定技术水平，要加入一些更能提起学生兴趣的教学方式，如竞赛式教学模式、多媒体教学模式。竞赛式教学就是教师施行策划和执行安排，引导和指导学生具体实施比赛的方式，把学生分为若干个小组进行团体比赛并排名，或以选拔个人名次的形式进行个人比赛，激发学生对羽毛球运动的热情，让学生能够提高技战术水平，同时提升学生应对压力的能力，让学生拥有坚强的意志力；多媒体教学模式，现如今国内外专业、业余羽毛球赛事很多，可以通过观看这些比赛视频的方式，分析各种技、战术，技术重难点的方式，让学生更直观更细致地了解自己存在的问题和需要改进的地方。

（三）发挥社团力量

进入高校的学生喜欢参加各种类型的社团活动，羽毛球是一项受欢迎的体育项目，可以适当加大羽毛球社团的宣传力度，让更多的羽毛球爱好者能够加入这样的团体，进入社团初期由专业的老师经过技能考核，进行多层次的教学和训练，让一部分技术好的学生带领完全没有基础但有浓厚兴趣爱好的学生一起进步，可以组织学生出去参加各高校之间的友谊赛、社会上的一些青年赛等，增加实战经验，这样才能提高羽毛球的趣味性，才能提升学生的整体技术水平。

羽毛球运动作为一项新兴体育运动，能够提升学生的体质，树立信心，培养兴趣爱好，改善不良的体态，更能培养学生良好的意志品质和团队合作能力。目前羽毛球运动在高校体育教学中还处于初级阶段，羽毛球运动具有良好的群众基础，受到越来越多学生的喜爱，发展前景是非常可观的。我们需要在教师的引进、场地设施、教学手段等方面加以改善，加快体育教学的改革，让学生掌握一门技术，为终身体育锻炼习惯奠定良好的基础。

第二节　羽毛球运动对身体素质的影响

随着人类文明的不断繁荣，生活水平的快速提高，人们开始越来越重视个人的身心健康，更加注重对身体的保养与锻炼。羽毛球运动作为一项隔网对抗的体育项目，其动作精细、战术复杂多变、对抗性强，深受人们的喜爱。经常进行羽毛球运动，可以有效地促进力量、速度、灵敏、柔韧和耐力等各项身体素质的全面提高。本节从羽毛球的运动特点出发，浅谈羽毛球运动对身体素质的积极影响。

羽毛球运动的发展在很大程度上影响着人们现在的生活。对大众来说，它不仅是一种休闲方式，能加强对身体的锻炼，从而达到强身健体、消除烦恼的效果。羽毛球竞技项目的发展，增强了这项运动的观赏性，也对这项运动技术水平提出了更高的要求。羽毛球专项素质是提高竞技水平的前提，所以身体素质的练习就显得尤为重要，专项素质是对力量、速度、耐力、灵敏和柔韧等素质的练习，这些专项身体素质的练习可以有效地锻炼身体，提高人们的生活质量。长期从事羽毛球运动，有助于身体素质的提高，增强人体的免疫力和缓解疲劳；有益于陶冶情操，增添人们的生活情趣；也有助于提高人们自身的社会适应能力，提高意志品质和处理问题的能力，从而更好地适应社会。

一、羽毛球运动概述

羽毛球运动是起源于民间的一项体育活动，在我国远古时期就出现了类似于羽毛球运动的游戏，最早是由苗族用鸡毛做成花毽，在"毽塘"的场地上做"打花毽"的游戏，后又有基诺人玩打鸡毛球的游戏。现代羽毛球运动起源于英国，一次偶然的机会，天上下着雨，人们在室内感觉无聊，想起用"毽子板"的游戏来消磨时间，从而发展起来的。通过不断地传承与发展，羽毛球活动已成为世界性的运动项目，且深受人们的喜欢。

羽毛球活动一般开展比较简单，它不像排球或者足球那样，要求有很强的专业技术作为基础才能有效开展，也不像篮球或者乒乓球那样要有相关的配套场地。它与其他球类最大的区别是：羽毛球不是圆的，对初学接不到球的人来说，不用花太多的时间满场捡羽毛球。羽毛球运动还有它竞技的一面，正因为羽毛球是一项竞技运动，所以才会有如此大的魅力。有竞技就会有输赢，有输赢就会有学习和交流，有了学习和交流这项运动就会得到发展。羽毛球比赛规则是根据羽毛球运动的特点不断发展和完善的，使羽毛球运动的特点更加鲜明与突出，使其更加具有观赏性。对羽毛球观赏性的提高，也吸引了更多的人开始喜爱这项运动，参与这项运动。羽毛球运动是一项隔网对抗的项目，对抗性强，运动者要一直保持在较强的竞技状态下参与活动，能有效地锻炼运动者的身体素质，使其保持良好的身体状态，这正是羽毛球运动的魅力所在。

二、身体素质

身体素质的概念经历了几次演变，最初是指适应社会发展的能力，随后又对身体素质提出了"三要素"，即体格、机能能力、运动能力。而现在人们对"身体素质"一词做了进一步解释，解释为人体活动时的一种能力，后又界定为人体在活动中所表现出来的力量、速度、耐力、灵敏和柔韧等身体机能。身体素质表现在人体活动的方方面面，也潜在地影响着人们的生活。拥有一个好的身体，是提高生活质量的基础，是美好生活的保证。羽毛球运动对身体素质有很高的要求，它影响着羽毛球运动的发展，对羽毛球运动者的竞技水平起着决定性作用。羽毛球运动要求的身体素质包括基础身体素质和专项身体素质，专项素质是在基础素质的基础上发展而来的，它离不开基础素质，根据羽毛球运动的特点来发展人们的力量、速度、耐力、灵敏和柔韧等素质来提高羽毛球的专项素质。有针对性地进行专项训练，有利于全面提高个体的各项身体素质。

三、羽毛球运动对身体素质的影响

（一）羽毛球运动有利于力量素质的提高

力量素质是指人的机体或者机体中的某一部位的肌肉或肌肉群，在工作中的收缩和舒张时而克服内外阻力的能力。体育运动都表现为肌肉活动，而羽毛球运动对肌肉的改变更为明显，可使肌纤维增粗，肌肉体积增大，能使肌肉量增加 10% ～ 15%。经常坚持从事羽毛球运动的人手臂、大腿、小腿明显出现了肌肉线条，而另一些不经常运动的人，如果偶尔打一场羽毛球后，会感觉全身酸软无力，随后的好几天都会出现肌肉酸痛，行动不便。在一场羽毛球竞赛中，羽毛球运动者有时会快速折返多达几百次，再加上各种不停地蹬、跳、跨、击球和扣杀等动作，这对下肢力量提出了很高的要求。而在场上的搓球、推球、勾球、扑球、放球等，还有在后场的吊球、扣杀等都需要有一定的上肢力量。所以羽毛球运动对上下肢力量及全身的力量都有一定的提升。

（二）羽毛球运动有利于速度素质的提高

速度素质是指运动者快速运动的一种能力，是人体本身在生活中遇到某种刺激时，迅速完成快速移动的能力。"快"是速度表现的外在特征。速度素质由三部分素质组成，具体分别是反应速度、动作速度和位移速度。速度素质是身体素质的核心素质，速度素质在很大程度上决定了一个运动员的运动成绩。众所周知，在一场羽毛球竞赛中，双方的运动员都会尽可能地把球打到对方难以接到，或者是离对方运动员最远的地方，让对方运动员不能在有限的时间内到达接球的位置，从而达到赢球的效果。羽毛球运动者在场上同对方竞赛时，会时刻观察对方的动向、熟悉对方的打法以及在哪方面有缺陷，再利用速度来无限放大对方的缺陷，让对手无法出手，也没有机会打出自己的优势点，利用的就是忙中易出乱的方法，来攻击对方的弱点，而这个方法的前提是自己要能在攻防两端快起来，并且不先出错，这就需要本身有较强的速度素质。竞赛时脚下有各种脚步动作来串联整个场地，使自己随时可以到达球场的每个角落，从而有意识地练习羽毛球运动的脚步移动速度。羽毛球运动中除了脚步移动速度外，还包括击球速度、反应速度、启动速度和挥臂速度等。而每位羽毛球运动高手，也定会是一个速度高手，所以经常打羽毛球的人速度素质都有很大的提高。

（三）羽毛球运动有利于神经系统活动灵敏性的提高

灵敏素质又称机敏素质，是指人体在突发情况下，机体能够迅速、准确、协调、灵活多变地完成某项动作的能力，灵敏素质对羽毛球运动有着至关重要的影响，它要求对对方的第一举动和意图，能够迅速做出相应的击球动作，从而达到先发制人的效果。灵敏素质的好坏最能反映出一个羽毛球运动者运动素质取决条件，而在灵敏性素质的练习当中，其主要的是提高大脑表层神经系统的灵活性和兴奋性。大脑表层神经系统的灵活性和兴奋性越高，那么器官对外界的刺激做出的反应就越快，行动也就更加迅速。羽毛球运动者在提高自己的技术水平时，要学会掌握丰富多样的羽毛球技术和战术，并且能够灵活熟练地运用。在运动中要学会迅速对对方球员动作的用意进行揣摩和分析，然后准确预测对方击球的球路，并迅速做出最佳回球反应。在一场羽毛球竞赛中会有无数次的回合，也相应地要做出无数次迅速的揣摩、分析、预测和回应。这种重复不断的练习，有助于提高神经系统的敏捷性、灵活性。因而羽毛球运动能很好地锻炼一个人的灵敏素质。

（四）羽毛球运动有利于柔韧素质的提高

柔韧素质是指人体活动时各关节肌肉与韧带的弹性和伸展性。羽毛球运动是一项动作精细的运动项目，这就要求运动者在做羽毛球动作时，手上技术要柔和而细腻，身体各部分之间的发力要协调一致，完成每一个动作要流畅，这样才能很好地控制场上的比赛，从而达到赢球的目的。在一场羽毛球比赛中，特别是对前场球的处理，如放网、搓球、勾对角、推、扑、挑球等，一般的网前球对手都会尽量地把球控制在刚过网的地方，且球都会贴着网上沿，这就要求运动者有很好的柔韧素质。此时握拍要灵活，动作要细腻，手腕、手指要灵巧，这样才能很好地将球高质量回给对方。羽毛球还有很重要的一点是具有较强的观赏性，要想动作优美协调，具有观赏性，柔韧素质是必不可少的。一场羽毛球下来，总会大汗淋漓，身体会产生大量的热量，加快血液流通，减少关节和肌肉的黏滞性，肌肉的弹性和伸展性的增加，使柔韧性得到提高。在羽毛球运动中，不管是前场的放网、搓球、勾对角及推、扑、挑球，还是后场的回球、吊球和跳杀等，每个羽毛球动作的运用都和柔韧素质紧密联系。柔韧素质既影响羽毛球技能的发挥，同样，在羽毛球运动中反过来很好地锻炼了柔韧素质。

（五）羽毛球运动有利于耐力素质的提高

耐力素质是指运动者长时间持续进行运动的能力，也称为抗疲劳及疲后快速恢复的能力。也经常有人拿耐力素质来作为评定一个人体质状况、健康水平和运动能力的重要参考标准。一个好的羽毛球运动者，拥有较好的耐力素质是必不可少的。打过羽毛球的人都知道，羽毛球的运动时间是不确定的，它和比赛的回合数相关，与进攻节奏的快慢有关。双方羽毛球技术水平越高，相对所用的时间就会越长，强度就会越大，对双方的体能要求也就越高。能否一直坚持这种强有力的对抗，就要取决于耐力素质。而耐力素质具体又可以分为速度耐力、肌肉耐力等，根据运动时是否需要氧气，又可分为有氧耐力和无氧耐力。羽毛球运动是一项高强度的竞赛活动，其特点就是有氧运动与无氧运动交替进行的运动过程，并且肌肉在运动过程中一直保持收缩或者舒张状态，且需要在较长时间内在场地上保持快速运动的能力，这对各项耐力素质都有很高的要求，所以羽毛球运动可以全方位地锻炼人的各项耐力素质，从而也使羽毛球爱好者有一个更好的体质。

四、通过开展羽毛球运动全面提高身体素质

我国是体育竞技大国，也是竞技强国。但在体育强国的背景下，很少有人知道，我国是世界上国民肥胖率、心血管疾病发病率、国民亚健康率排在世界前列的国家，所以提高国民整体素质刻不容缓，我国已经开始重视提高国民素质的重要性，提出了"全民健身活动"，开展以来就出现了中国大妈的广场舞等，在青少年体育方面，国家在学校对体育课程做出了相应的调整，在我记忆中小学初中的时候一周只有一到两节体育课，而现在小学初中最少一周两到三节，北上广等一线城市甚至已出现每天都有一节体育课的现象，而羽毛球运动作为人们最喜爱的运动之一，对提高全民整体素质有着积极的作用。

（一）通过参加羽毛球运动调动人们的运动兴趣

羽毛球运动是一项容易开展的运动项目，且它与很多球类运动有着不同的特点。羽毛球运动是一项竞技运动，当你赢球后，容易让人感到有成就感，也能很好地释放生活中所带来的压力，产生愉悦的心情。羽毛球运动还分为单打和双打，单打可以锻炼人们单打独斗和独立自主的能力，双打能提高人们团结合作和与人交流的能力。所以在开展羽毛球活动中，要根据羽毛球运动的特点，运用灵活多变且有趣的方式开展，来激起人们对羽毛球运动的兴趣，从而让他们热爱这项运动。

（二）通过开展羽毛球运动来增强群体运动意识

羽毛球运动是最少由两个人完成的运动。在生活中经常会出现，当你想打羽毛球的时候，会缺一个人或者不是你想要的搭档，从而就少了那份激情。开展羽毛球群体运动，它可以有效解决这些问题，当你想练习羽毛球的时候就可以随时到活动中来，也不会出现找不到搭档的情况，还能有效地促进广大爱好者的相互交流、学习和提高，扩大羽毛球运动的社会影响力，增强人们对羽毛球的认知，使其更好地了解这项运动，参与到这项运动当中。

（三）经常举行有关羽毛球的竞赛活动

羽毛球运动是一项竞技运动，少了竞赛，就体现不出这项运动的魅力所在了。在竞技中，人们可以体验到赢球后的愉悦感，也可以清楚自己的不足之处，从而针对自己的不足，进行专项训练。在专项训练中，既可以提高竞技水平，也可以很好地锻炼

身体。

羽毛球运动是一项促进人体健康的有效手段，经常进行上述各种身体素质的专项训练，不仅可以提高羽毛球技术水平，还能有效地锻炼人们的力量、速度、耐力、灵敏和柔韧等身体素质。而上述身体素质的训练，不是指简单地拿着羽毛球拍，约上几个好朋友随便找一个地方，漫无目的地打几拍就能达到训练的效果。如果训练方法不当，有时还会起到相反的作用。所以，必须遵循人体身心发展的规律，进行科学有效的训练，才能达到预期的效果。羽毛球运动以其独特的运动方式和激烈的竞赛，能有效地消除运动者紧张的情绪，磨炼运动者的意志品质，激励人们追求积极健康的生活方式，从而有效提高人们的生活质量。

第三节　全民健身运动中羽毛球运动的作用

羽毛球作为一项著名的体育运动，以其独特的运动特点和健身价值吸引着越来越多的人，尤其是对于促进我国全民健康事业的发展意义深远。本节基于全民健身战略的视角分析了羽毛球运动的主要特征，对其存在的各项价值进行相应的研究，旨在为促进羽毛球运动的发展奠定理论基础。

羽毛球不仅是一项"小球"运动，还是一项著名的运动。本项目场地要求相对较低，易于实施，因此，该项目在群众中的知名度相对较高，是闲暇时间锻炼的好选择。根据自身项目的特征，在保持锻炼娱乐的同时，对促进参与者的体育精神发挥着重要的作用。在当前我国社会经济快速发展的前提下，人类从远古繁重的劳务活动中解放出来，生活也变得越来越轻松。在工作时间与强度逐渐改变的环境下，选择何种健康训练显然成为人们不得不思考的一个问题。

一、羽毛球运动的项目特点

（一）羽毛球运动有很高的安全性，且场地灵活

运动受伤是很多人在运动时会担心的一个问题，尤其是以下运动：篮球、足球等直接的对抗性活动。其中对抗性很强。以往的羽毛球运动十分优雅，可以说是绅士的运动、高尚的运动。由于运动性质的原因，采用一道网墙将双方隔开。现如今，羽毛球遵循着以往的原则，将参与运动的双方进行分离，从而有效地避免了身体与身体的接触。相比较篮球、足球这类运动来说，羽毛球运动将人与人隔开，从而有效确保了其运动的安全性。在打羽毛球之前，一定要进行热身活动，让身体慢慢进入运动的状

态。另外,运动器材方便,运动场地限制小。因此,在当今缺乏运动场馆的社会背景下,羽毛球逐渐占据了人们大部分的休闲时间,羽毛球本身就比较流行。

(二)羽毛球运动经济实用,消费低,适用于大众

羽毛球室内外都可以进行,以锻炼为主要目的的大众羽毛球活动只需要使用相对简单的器材。可以是两个球拍。如果条件允许,可以用网隔开,也可以不使用网,更有甚者可以在地上画线。户外羽毛球是无风晴天的最佳选择。如果天气不好,可以搬到更宽的房间,如走廊。近年来,许多地方,包括许多高校都开始陆续修建各类羽毛球室内运动馆,收费也是依据散客、包场等形式,价格相对适中,20 ~ 120 元不等。大部分俱乐部在上午半天的收费会更低,并且可以办理会员卡,从而帮客户省去很多的费用。正是因为羽毛球馆的收费完全达到公众的消费水准,让羽毛球锻炼场馆的人络绎不绝,特别是在周末和每天的晚上,如果没有向场馆提前预订,很可能就没有锻炼的场地。

(三)羽毛球运动群体广泛,运动规则可有效控制

羽毛球适合男女老少。另外,根据参加者的运动水平、体质、年龄来调节运动量的规则的运动是非常好的。譬如,羽毛球运动会使青少年的相对大一点,从而对青少年群体的发展进行促进,对提升其体能机制效果良好,由于青少年的身体发育较快,在运动的过程中还可以培养出其对于社会的适应能力以及自身的自信与从容。相比较而言,老年人群在运动时,由于运动量较小、运动幅度不大,从而可以有效保护老年人的心脑血管系统。而青少年和孩子们在进行羽毛球运动时,往往不需要刻意地被规则限制住。

(四)羽毛球运动有效锻炼全身,健身效果良好

羽毛球是全身健身运动,从头到脚,一拿上羽毛球拍后开始运动,无论运动强度如何,全身的关节都能运动,各个部位都进行着锻炼。当你打羽毛球时,无论是普通的比赛,还是健身比赛,它都会让你不断运动,跳跃、摇摆、移动的脚步,刺激下肢和腰部的活动,加强这些部位的肌肉力量的训练,增强全身血液循环,加强个人血管系统和呼吸系统功能。羽毛球运动强度大,长期进行羽毛球运动,人体会逐渐适应这个项目的特点,使参加者的肺活量增加,使之强有力的心跳,身体的爆发力和耐力被提高。从脑神经运动的角度来看,羽毛球运动瞬间球运动轨迹的变化,决定了训练者在短时间内判断球运动轨迹并进行反击。因此,对锻炼人体神经系统的敏感性和协调性非常有益。因此,羽毛球是可以全身运动的运动,健身效果非常明显。

(五)羽毛球运动娱乐性、观赏性强,民间普及率高

由于自身的观赏性以及娱乐性,羽毛球适用于各个年龄段的人,很多人乐于参与

到羽毛球运动中来，对全民健身事业的发展有良好的促进作用。由于其娱乐性强，原本是一项竞技性运动，现在已发展成为一个受欢迎的健身项目。作为民间一种休闲健身活动，其虽然与竞技体育有很大的区别，但仍具有竞技体育对抗性的特点。参与者通过不断地跑步和往返拍打羽毛球赢得胜利。在运动过程中，参加者获得身心愉悦。参加羽毛球比赛的人可以体验到打好球和赢得比赛的乐趣。同时，一个接一个地打好球可以给观众带来欢呼和快乐。当赢得一场比赛时，它能给观众带来极大的娱乐。由于在羽毛球比赛过程中，球路来回变化以及运动每个环节的不确定性使得羽毛球比赛充满乐趣。

二、羽毛球运动在全民健身运动中具备的价值

（一）健康价值：强身健体，磨炼参与者意志

羽毛球是综合健身运动，在运动员体育训练中发挥着重要的作用。羽毛球的参加者需要做很多迅速的动作，包括前后场、左右场、跳跃和杀伤、各种救球等，这些动作对参加者的身体能力的提升是十分明显的，参加者对于运动速度、忍耐力、力量、敏捷性和灵活性的训练非常有效。羽毛球有利于促进人们身体健康，这是非常明显的。另外，羽毛球始终是对抗的运动。有对抗，必定就会有输赢。因此，这项运动对提高参加者的竞争意识也有效。在竞争中，激烈的竞争，使人们的心理素质得到质的提升，努力进取的精神，会在竞争的过程中体验到。尤其是在双方竞争均等的情况下，如果一方能够顽强、抑制压力，那么最后的胜利属于另一方。这是很好的练习，对提高参加者的意志力也很有用，是整个队伍的风格。

（二）娱乐价值：愉悦心理，陶冶情操

众所周知，社会的迅速发展，在给人们带来丰富的物质生活的同时，也给人们带来了巨大的心理压力，还有的人会因此出现心理方面的问题，身心健康受到很大影响。但是相对而言，那些热爱体育运动、经常健身的人则很少出现这方面的问题，其情绪更加稳定，运动使人们心情愉快，使人们健康、乐观地工作和生活。很显然羽毛球有很强的娱乐性，在锻炼的过程中能够让人们获得很大的益处，获得心理上的舒适与愉悦。在羽毛球运动的过程中，人们能一心一意参与到比赛当中，从而将在工作与生活中背负的压力释放掉，同时忘记忧虑和惆怅，对于心理的调节作用重大。不仅如此，羽毛球运动可以组队参与，在团队合作的过程中，团队参与能让每个人获得乐趣。此外，由于羽毛球比赛的时间不是很长，对于参与者和表演者来说都十分享受，在欣赏过程中进一步培养他们的个人情感。

（三）社会价值：促进人与人之间和谐交往

随着中国经济的快速发展，人们的工作和生活一直有电脑和电视的陪伴，人们之间的距离也在为之变大。羽毛球运动员是朋友，和羽毛球一起协调。无论是一般的练习还是各种各样的比赛，参加者必须和队友进行交流。在双打比赛中，不仅充分发挥了个人技能和热情，还发挥了同龄人的协作能力，互相学习，共同取得胜利。同时，这是一种非常好的训练方式，对参加者来说，在锻炼的同时，可以和有共同利益的人进行交流，这是有益的社会交际行为。全民健身在快速发展的过程中，不仅让人们身体得到了锻炼，还在相处的过程中收获了友谊。在当前经济快速发展的大环境下，体育也越来越受到人们的关注，而羽毛球运动中迸发的激情代表着一种意志。在参与这种活动的过程中进行交流，同时会改变人们的理解。因此，羽毛球有利于社会和谐发展，有利于人与人之间的协调。

（四）时代价值：全民健身事业快速发展

羽毛球运动相对来说非常简单，很多人都喜爱这项运动，当前由于这个项目在我国发展得到极大促进，所以羽毛球运动的普及范围也越来越广。羽毛球因为娱乐性和普及性，越来越多的人选择它参加体育运动，所以从另一个角度来看，羽毛球在促进全民健身发展方面发挥了很大的作用。羽毛球的价格便宜，容易管理，适合各种人活动。目前，全国羽毛球比赛场地越来越多，经济成本低，容易普及。因此，它最大限度地发挥了全民健身的魅力，对促进我国全民健身事业的发展发挥了重要作用。

（五）文化价值：提升人们体育赛事欣赏水平和对人体健康的认识

欣赏羽毛球运动，对于观众来说，可以获得一种移情感受，使自身的精神获得升华与满足。在运动中，精湛的技术与良好的团队配合，甚至是运动员在比赛中发挥出的技术水平都能够让观众感到激动与狂热。这些能给我们一种美的感觉，也能给我们更多的思考。羽毛球以其规律性、技术特点和运动价值，吸引了相当多的人参加运动。在任何运动项目中，只有在主动性和自发性的基础上，练习者才能将他们的热情投入到实践中，并坚持锻炼。羽毛球运动具有上述特点。

羽毛球作为一项大众运动，容易学习、自由场所等优势深受健身爱好者的喜爱。这对全民健身活动也有很高的价值。引领着时尚，强化着体质，放松着身心，在这些方面发挥着重要的作用。从而，羽毛球作为开展全民体育的窗口，有助于实现全民健身的计划。

我国人民健康事业的核心即加强国民体质的建设，提高全民族身体素质和健康水平。羽毛球集体育娱乐活动于一体，它不仅具有健身、运动意志品质、娱乐性和友谊性的特点，还具有独特的项目优势，无论男女老少，整体运动效果良好，羽毛球运动已经被越来越多的人认可和接受。这些羽毛球项目的特点和优势对全面促进全民健身事业起到积极作用。

第四节 开展羽毛球运动的价值及意义

羽毛球运动是一项锻炼价值极高的运动项目，普通高校开展羽毛球运动不但具有运动学价值，还具有运动生理学价值和美学价值。普通高校羽毛球运动的开展有助于实现"健康教育，终身体育"的目标，有助于提高学生的综合素质，有助于校园文化的建设，有助于体育人口的增加，还有助于正能量的传播。

羽毛球运动是一项极具魅力和高雅的体育项目，在国际上享有极高的美誉度和极强的影响力。随着我国经济的发展及与国际交流的日益广泛，羽毛球运动在我国也有了长远的发展，凭借其自身项目特色，无论是在竞技领域、大众健身，还是在学校体育中都吸引着众多的人参与。羽毛球运动是一项既有健身价值，又具有终身体育性质的运动，能为实现学生终身体育的目标奠定基础，同时高校内的羽毛球运动训练竞赛也是培养竞技体育后备人才的重要途径。羽毛球运动在我国学校体育中占有十分重要的地位，它是学校体育的重要组成部分，对于提高学生的力量、速度、耐力、灵活、弹跳、反应等身体素质和运动能力，改善身体各器官、系统的机能状况，培养机智、果断、沉着、冷静等心理素质具有重要的作用。羽毛球运动以其特有的锻炼价值和娱乐功能，以及深厚的文化底蕴、高雅的属性等吸引着众多的大学生。

一、普通高校开展羽毛球运动的价值

（一）普通高校开展羽毛球的运动学价值

一场高水平羽毛球比赛下来，运动量相当于一个足球运动员踢一场足球赛的运动量。羽毛球需要在球场不停地进行脚步移动、跳跃、转体、挥拍，合理运用各种击球技术、步法和战术在场上往返对击。所以，经常从事羽毛球运动可以发展人体的灵活性、协调性，可以提高练习者上下肢及躯干的活动能力，改善呼吸系统和心血管系统的功能，提高有氧供能和无氧供能的能力，调节神经系统，提高其抗乳酸的能力，并且能起到增进健康、抗病防衰、调节精神的作用。

（二）普通高校开展羽毛球的运动生理学价值

据统计，大强度羽毛球运动者的心率可达到每分钟 150 ～ 170 次，中强度心率可达到每分钟 140 ～ 150 次，低强度运动心率也可达到每分钟 100 ～ 130 次。长期进行羽毛球锻炼可使心跳强而有力，肺活量加大，耐久力提高。羽毛球参与者需要对变幻莫测的现场情况做出准确的判断与估计，迅速采取措施，改变自己的动作方向或节奏，甚至是改变技、战术组合。因此，在比赛条件下，运动员的注意力非常集中，精神高度紧张，这对中枢神经系统调节运动机能的能力有着良好的训练作用。

（三）普通高校开展羽毛球运动的美学价值

由于羽毛球技术的千变万化，羽毛球运动有很高的可观赏性。解祥梅等在《羽毛球运动赏析》一文中提出了从体育文化，羽毛球竞赛的体育精神，羽毛球的运动史，羽毛球的技、战术，比赛形式和过程，比赛结果等角度来欣赏羽毛球运动。欣赏羽毛球比赛总能让观众产生一种强烈的移情作用，给人以精神上的满足与升华，得胜时的欢呼雀跃，失败后的沮丧与忍耐，特别是升国旗、奏国歌时那激动人心的时刻，无不牵动着亿万观众的心，无不给人以强烈的振奋。看完一场比赛后，总能给我们一种精神的鼓舞，看那运动员高高跃起的大力扣杀、迅速上网的搓球；运动场上队员的团结协作和默契配合等，让我们每个人都不难体会到努力拼搏、自我超越、团结协作的精神，体会体育比赛永恒的魅力、永恒的竞争，不停地追求与自我超越，从中我们可以享受到羽毛球运动的美感。

二、普通高校开展羽毛球运动的意义及作用

（一）普通高校开展羽毛球运动有助于实现"健康教育，终身体育"的目标

羽毛球具有无身体接触，运动强度适中，竞争性、娱乐性强，器材携带简便，在室内外均可进行等特点。无论是6岁的儿童，还是80岁的老人，无论是男是女，都可以从事羽毛球运动。羽毛球运动是为数不多的、容易被所有人接受并可以伴随一生的体育项目，是真正的"Sport for all"。羽毛球运动引入高校，有助于学校体育"健康教育、终身体育"目标的实现。

（二）普通高校开展羽毛球运动有助于提高学生的综合素质

体育是现代文明的一种标志，参加体育活动和欣赏体育是一种时尚的文化生活，羽毛球运动更是时尚中的时尚。所以，高校开展羽毛球运动不仅能起到使学生锻炼身体、休闲娱乐的作用，还有助于陶冶情操、提高自身修养和品位。另外，羽毛球运动还可以调节生活，促进人际关系，已被人们当作一项非常时尚的体育项目。羽毛球符合学生健与美的需求，能够促进学生的身心健康，有助于提升学生的全面素质和生活质量。在提倡素质教育的今天，高校开展羽毛球运动不失为提高学生全面素质的一种有效手段。

（三）普通高校开展羽毛球运动有助于推动校园文化的建设

羽毛球运动已有上百年的历史，具有深厚的文化底蕴和高雅的属性。时至今日，以汤姆斯杯、尤伯杯、苏迪曼杯、世界锦标赛、超级系列赛总决赛、中国大师赛、全英公开赛、瑞士公开赛、韩国公开赛等为代表的各类、各层次的比赛贯穿全年，遍及世界各地，对当今体坛乃至当今社会产生了广泛而巨大的影响。羽毛球运动以健康、时尚而高雅的姿态展示在人们面前，而这也恰恰符合校园文化的风格。羽毛球运动进入校园必将以其意识、行为和物资等方面的内容丰富校园文化的内涵，推动校园体育文化的发展。

（四）普通高校开展羽毛球运动有助于提高我国羽毛球运动人口数量

近年来，我国的羽毛球事业有了长足的发展，场地数量、参与人数、竞技水平都有了很大的提高，举办比赛的数量、规模及档次都有了很大的提升。但是，从羽毛球运动的作用和人们潜在的健身、休闲娱乐需求上来看，我国羽毛球运动人口还有待提高。高校开展羽毛球运动，可以使学生把学会的羽毛球技能和养成的羽毛球运动习惯，带到社会生活中，成为我国增加羽毛球人口的主要力量，必将对我国羽毛球运动的普及与提高发挥巨大的作用。综上所述，培养高素质的人才是高校的责任，高校开展羽毛球运动对促进学生的身心健康，培养大学生的终身体育观，全面提高大学生素质都有极大的促进作用。高校开展羽毛球运动对推动校园体育文化建设也是大有裨益的。

（五）普通高校开展羽毛球运动有助于正能量的传播

羽毛球运动还有着浓厚的文化底蕴，这也让高校大学生为此深深地痴迷。羽毛球运动也曾为中华民族的英雄谱增添一组组新的形象。作为当代的大学生，我们有义务、有责任去拨亮羽毛球健儿头上的光环，去阐释他们用智慧和汗水培育、浇铸的羽毛球运动文化。

学校体育是学校教育的重要组成部分，它与德育、智育紧密结合，肩负着为社会培养德智体全面发展的人才的历史使命。学校体育又是国民体育的重要组成部分，是社会体育、竞技体育和终身体育的基础，是发展我国体育事业的战略重点，它对促进社会精神文明建设具有积极的作用。羽毛球运动不仅是富有乐趣、高雅的运动，更能够反映大学生朝气蓬勃、积极向上的精神风貌，还能发展学生个性，培养学生的能力，对加强人际交往，丰富课余文化生活，促进精神文明建设都有重要的作用。因此普通高校要利用好羽毛球运动的优势，积极开展羽毛球运动。

第五节　羽毛球运动生物力学研究进展

从研究内容和研究方法两个角度分别切入，简要地总结了目前国内外羽毛球运动生物力学研究的进展。在相关研究的内容上，首先介绍了羽毛球运动技术、运动损伤以及运动器材方面的研究成果，接着分类比较了运动学、动力学以及生物学测量与分析方法的优势与不足，揭示了将运动生物力学应用于羽毛球研究的重要意义。根据现有的研究成果和发展趋势，研究认为，在接下来的工作中应当致力于手指等小关节部位的精细动作技术研究、群众健身中羽毛球运动损伤的预防以及羽毛球专项实验器材的自主研发。

羽毛球运动因其适合各个年龄层的人，并且不受性别、场地以及运动水平的限制而成为大众喜爱的体育运动之一。在羽毛球运动中，一个相同的动作技巧可能有许多方法可达到相同的动作目的。这些方法有些是靠教练及选手在练习过程中不断尝试寻找到的，有些则是科学分析的结果。而对于羽毛球初学者来说，在未探寻到最适合自己的技术之前，模仿优秀运动员的动作技术就成了最常见的做法。除了技术学习外，纠正错误动作也很重要，教练员常在肉眼观察的基础上结合自身经验来寻找错误动作，指导运动员进行矫正，但是对于造成错误动作的原因往往难以确定。这时通常会借助特定的仪器进行观察，把肉眼无法观察到的信息通过仪器详细记录并进行分析，这一由视觉观察逐渐转为量化分析的过程也正是运动生物力学的学科演变过程。

一、羽毛球运动生物力学研究内容

（一）运动技术的力学原理与优化

针对羽毛球动作技术的上肢运动生物力学研究，主要探讨了各环节间的运动顺序、肌群的发力和各关节动作在挥拍击球中对拍头速度的贡献率等。以杀球技术为例，上肢各运动环节由近端到远端依次加速，最后通过手部的挥拍动作，使球拍在击球前获得最快的运动速度。此外在杀球准确性的研究上，远端环节的肌群控制也很重要。要想进一步提升羽毛球技术，除了准确的上肢击球动作，还必须具备良好的步法。熟练的步法技巧可以帮助球员在最短的时间和最小的能耗下达到最佳击球区，并帮助球员在击球时保持身体平衡。

（二）运动损伤的成因与预防

球员在进行羽毛球运动时，持续地快速移动对肢体产生的局部负荷较大，反复积累下来就可能造成慢性运动损伤。在过去的研究中发现，羽毛球运动损伤与球员的年龄、性别，参与羽毛球运动的时间、技术水平、疲劳以及所穿鞋子有关。约根森和温厄指出羽毛球项目的运动损伤 58% 发生在下肢，42% 发生在上肢和背部。在步法的移动过程中，踝关节的内、外翻转角度超出其正常活动范围就有可能引发运动损伤。在羽毛球运动上肢运动损伤的相关研究中，则主要针对腕关节、肩关节以及腰背部位的运动损伤机制以及预防措施进行了探讨。

（三）运动器材的设计与改进

对于优秀运动员来说，除了自身扎实的运动技能以外，能帮助其增加运动表现的运动器材、设备也是不可或缺的。在羽毛球项目中，讨论最多的就是羽毛球鞋和羽毛球拍的设计及改进。威（Wei）等人指出不同的足底区域应该设计不同的材质以分散压力，并且在羽毛球鞋功能设计时要将跖趾关节的功能性考虑进去。相较羽毛球鞋，羽毛球拍作为直接接触羽毛球的器材，不仅会改变羽毛球的飞行路径，而且会影响击球效果，在击球过程中的动量传递上发挥了重要作用。关（Kwan）将羽毛球拍的速度分为球员的挥拍速度和挥拍过程中球拍产生的弹性速度，其中球拍本身产生的弹性速度对球拍整体运动速度的贡献率达到了 4% ~ 6%。

二、羽毛球运动生物力学研究方法

（一）运动学测量与分析

早在 1979 年就有学者利用电影胶片对羽毛球的击球动作进行了分析，这一时期所使用的实验设备较为简单，无法获得较为客观、准确的数据。而后 16mm 摄影机的应用开启了羽毛球二维的动作分析，接着各种不同的二维、三维空间摄影法被陆续开发并应用于羽毛球的动作技术分析，出现了一些比较成型的动作分析系统。这一分析方法的实验仪器价格昂贵，对实验场地的光线条件要求较高，受试者的活动范围也有限。采用此类动作捕捉系统对手指等小关节部位进行测量时，反光球的粘贴难度较大，且在握拍时易造成反光球的遮挡，会造成较大的误差。近年来，一些学者开始使用惯性动作捕捉系统进行动作捕捉与追踪。相较于传统的光学动作捕捉系统来说，惯性动作捕捉系统体积较小、便于携带且可用于实验室以外的场所。惯性动作捕捉系统的出现，也为手指等小关节在运动参数的获取上提供了一个新的思路。阿尔文·雅各布的研究团队基于弯曲传感器设计出一款数据手套，对羽毛球基本握拍姿势进行识别分析，以期为羽毛球初学者提供正确握拍姿势的参考。

（二）动力学测量与分析

羽毛球动力学研究中所需要的力学参数可以通过测量直接获得，也可以借助不同的模型进行推算获得。前者可借助传感器等测量设备实现，后者则是在视频（或者视频和传感器结合）的基础上进行求解。三维测力台是目前羽毛球运动生物力学研究中的常用设备之一，可以对地面反作用力的大小、方向以及作用时间进行测量，为动作技术的分析提供了有效的测试手段。但因三维测力台的平面尺寸有限，对受试者的活动范围造成较大的限制，一些研究者开始利用测力板进行相关研究，而后又出现了足底压力鞋垫。这些测量方法的出现，使羽毛球运动生物力学研究在动力学的量化分析上更为精准、便捷。

（三）生理学测量与分析

在生理学测量方面，有学者利用卡尺、带尺、体重计等仪器对各环节围度、体重、体脂等人体形态学参数进行测量，总结出优秀羽毛球运动员的身体形态特征，为羽毛球运动选材提供参考。还有学者利用肌电仪对肌肉活动中的电信号变化过程进行测量。Tsai 就利用肌电图发现正手杀球和吊球的肌肉活化顺序高度相似，但杀球的肌肉活化程度明显大于吊球。

三、研究展望

随着参与羽毛球运动人数的增加，运动生物力学的研究领域也由传统的竞技运动延伸到健身运动之中。可以从业余爱好者容易产生的错误动作以及运动伤害入手，找出有效的预防办法并进行推广。现如今羽毛球动作技术的生物力学主要着重于肩、肘、腕、膝、踝等大关节的活动，对手指等小关节的精细动作鲜有研究。现代科学技术的进步增加了运动生物力学研究的广度与深度，为研究更复杂的动作提供了更精准的计算机分析、更实时的信息反馈，可以在未来的研究工作中，着眼于小关节、小环节的精细动作研究。另一方面，生物力学研究的发展在一定程度上取决于测量手段的进步。因此，研发适合不同研究环境及条件的测量仪器，包括硬件及软件，才能够使学者根据不同实验目的，自行修改软件或硬件设施，使实验过程顺利进行。

综上所述，目前在羽毛球动作技术的上肢生物力学研究中，已经详尽地讨论了各个环节的运动顺序、不同肌群的发力时序以及各关节对拍头速度的贡献率等；针对下肢的生物力学的研究往往与运动损伤和运动鞋研发结合起来，也取得了一定的进展。但是针对羽毛球业余爱好者在学习技术过程中可能出现的运动损伤讨论不多，在羽毛球专项的测量设备的研发上也尚有不足，现有设备对于手指等小关节的精细动作的测量存在较大误差，且对手指部位的精细动作关注度不高，这在今后的研究工作中是值得关注的。

第六节 羽毛球运动的美学特征研究

将体育美学原理和羽毛球运动项目实践相结合，体现出羽毛球运动项目自身的特点，为羽毛球运动项目的发展打下坚实的基础。从体育美学角度出发，研究竞技羽毛球竞赛过程中运动美的表现形式，科学地把握羽毛球运动中的真、善、美。分析羽毛球运动中技术美、风格美、节奏美、智慧美等美学特征。

一、研究方法

本研究主要采用文献资料法，利用中国知网数据库并查阅北京体育大学图书馆关于体育美学方面的书籍进行认真分析和运用。同时对羽毛球比赛视频录像进行分析，并结合体育美学相关知识点，为本节观点提供充足论据。

二、羽毛球运动的"真、善、美"

（一）羽毛球运动中的"真"

所谓真，是指客观世界自身的变化发展规律，反映了客观事物的规律，具有科学性。这包括两大方面：一是运动项目的客观规律；二是人自身的客观规律。要认识羽毛球运动的"真"，须从这两方面入手分析。羽毛球运动是速度最快的球类运动之一。因此研究羽毛球运动必须围绕"快"这一要素。只有符合这一规律，才能对羽毛球运动有正确、深入本质的认识和研究。1954 年以后，印尼华侨带回了国外先进技术及打法，并借鉴我国乒乓球项目的成功经验，把"快"作为训练的突破口，创新技术，加强进攻，狠抓身体素质，成绩突飞猛进。紧抓运动项目的客观规律，对客观规律有正确的认识，尤其是在追求好成绩时更需要如此。这是必胜法宝，同时也是研究的起点。可见，对"真"的依赖、依附必成自然。在研究羽毛球运动中，除遵循运动项目的客观规律外，身体运动规律也是研究中的重要一项。这是由竞技体育以身体为媒介的特点所决定的。当前，世界男双打法百花齐放，各不相同。身材较矮小的印尼队和日本队，以前半场快速连贯型和快速硬抽压打法为主。而身材高挑的丹麦队则以发接发抢攻为主要打法。由于身体机能的差异而形成不同的打法，充分发挥身体的优势。身材高挑的网前威胁大，若来球质量较差，可直接封网，创造得分。身材矮小的选手，身体灵活连贯快速，在中前场平抽挡占据优势。可见，身体机能的差异形成了不同的打法。现代运动训练已进入以多学科综合利用为基本特点的时期，"科学化训练"已成为核心。

因此，羽毛球运动的研究必须符合现代训练的客观规律，遵循羽毛球"快"的客观规律。这便是羽毛球运动的"真"。

（二）羽毛球运动中的"善"

所谓善，是指人类在实践活动中所追求的功利价值。那么，人们进行羽毛球运动的目的是什么呢？羽毛球运动参与者可以分为两大部分，一部分是业余群众，另一部分是专业运动员。对于群众而言：第一，参加羽毛球运动能增强人的体质，提高人体在体格、身体能力、心理和运动能力等方面的潜力。第二，参加羽毛球运动能丰富社会文化生活，增加社会交往活动。第三，参加羽毛球运动可以培养坚强的意志品质，挑战极限、超越自我。对于专业运动员而言，提高羽毛球运动技术水平、创造优异的运动成绩是主要目的。攀登羽毛球运动技术高峰、代表国家在国际大赛中取得优异成绩是专业运动员的最高追求。可见，追求优异的运动成绩，向人类极限挑战，突破自我，培养坚强意志品质，这便是羽毛球运动的"善"。

（三）羽毛球运动中的"美"

"真"是客观事物的规律，客观规律反映科学性；"善"是实践上符合人的目的，合乎社会利益而表现出功利性；而"美"，是掌握客观规律时与人的目的一致的富有感染力的生动形象。运动员在赛场上表现出的一个个具有创造性、能动性的具体形象是直观、形象的美。高水平羽毛球运动员所展现的精湛技艺、默契的战术配合是直观的感性之美。随着观赏活动的深入，运动场上所闪现的光芒，震撼人心的理性之美逐渐呈现于眼前，即勇往直前、永不服输的精神美，顽强拼搏、决不放弃的意志美。还有一种美是发生在运动员与观众之间的审美活动所产生的美。羽毛球运动员集审美主客体于一身，并与观众产生共鸣，这便是羽毛球运动的"美"。

三、羽毛球运动的美学特征

（一）娴熟精湛技术美

羽毛球运动是所有球类运动项目中速度最快的项目，在双打项目中更为快速。这就要求运动员要瞬间观察来球的快慢、轻重、高低、远近，同时能迅速决定回球的路线、弧度、角度、落点和击球技术。要做出如此快速的反应，需要运动员具备全面、精湛的技术。羽毛球运动的技术美，就是羽毛球技术在激烈对抗中发挥的完美程度，也是人的运动技术水平以及体态美、素质美、动作造型美的综合体现。顶尖水平的运动员个个都是技术全面、身怀绝技的高手。印尼选手苏卡穆约头顶身后拦球和前半场快速连贯的封网技术；丹麦选手安赛龙动作高度一致的推球和搓球技术，极具欺骗性；日本女双富有攻击性的反手抽球技术迅速进行攻守转换，以及富有压迫性的平高球技术。

顶尖运动员出神入化、行云流水的技术，将快、健、力、美融为一体，达到了一种绝妙的艺术境界，使人们感受到了羽毛球运动的无限魅力。

（二）战术多样风格美

羽毛球战术是指选手在比赛中表现出高超的技术水平，为了战胜对手而采取的一系列计谋和行动。选手在赛前会根据对手的打法特点以及自己的制胜法宝来制订战术，限制对手的优势，发挥自己的特长，战胜对手，取得比赛的胜利。从赛前的战略谋算，比较敌我的各种条件、估算赛事胜负的可能性并制订作战计划，到赛中的作战指挥，对赛场上客观因素的分析，如风向、球速、灯光等，以及运动员的情绪、心态等。观察对手的战术特点及打法特点，根据比赛中的不同情况采取不同的战略战术。队员技术的个性美和队友的默契配合以及教练员排兵布阵的智慧美显示出战术的风格美，是智慧、技巧、能力和才华的集合，又是一种创造美。

（三）张弛有序节奏美

羽毛球运动是一项讲究节奏的运动。节奏美是运动美的重要因素之一。在激烈的攻守对抗中，交替出现有规律的快慢、缓急、张弛相结合的节奏美，这是观众紧紧被赛事吸引的原因之一。在一场羽毛球比赛中，快慢节奏的衔接变化快且多，如男单日本选手桃田贤斗擅长"控制底线—快连网前—伺机突击"的技、战术，这就是变速的魅力。控制底线时舒缓似闲庭信步，这是积蓄力量寻觅战机；快连网前是骤然加速，打乱场上节奏，让人措手不及，为最后的致命一击埋下伏笔，做到了张弛有序，有急有缓，但一招一式绝非赛前安排，完全出于自然。又如女单中国台湾选手戴资颖擅长四点拉开、控制网前、变速突击，变速攻是她的独门秘诀。网前停顿推勾加上快速推勾，时而急速如风，时而舒缓漫步，完全让人无法捉摸，变化无限。让人强烈地感受到节奏的变化美、张弛的对比美、张弛统一的和谐美。

（四）智力对抗智慧美

羽毛球运动是隔网对抗项目，但凡是对抗，就一定充满着策略和谋算，斗智斗勇。无论是运动员之间的直接斗智，还是教练员之间的间接斗智，都充分显示出舒展、通达、呼应、协调、和谐等美学特征，展现出人的创造性的判断能力和应变能力的智慧美，闪跃出人的灵感美。羽毛球运动是一项体、智、技结合的项目，不仅要求运动员具有良好的体能和精湛的技术，更需要运动员具有清晰的思路。这颗球往哪打，打这个落点的目的是什么，下一拍的站位和跑动应该如何安排，一步一步缜密安排，步步为营。如女双中多拍下压后突袭一个平高球，平高球球速快，压迫性大，给对手造成击球难度，为下一拍的进攻做铺垫。又如假动作的运用，假动作是为了迷惑对手逼迫对手二次启动，给对手的击球增加难度，也为自己的下一拍创造进攻机会。双打项目中对于前半场的抢夺十分激烈，前半场占据优势，便可迫使对手将球挑高，再为搭档创造下压进攻的机会。一场球赛中，看似是身体与身体的博弈，但更深层次的是智慧的对抗，一环紧扣一环，显示出设计构思的技巧和组织指挥的艺术。

体育美的发展随着经济的发展日趋向上，人们在经济基础得以保障的前提下参与、欣赏、发现和感受体育美。羽毛球运动的可持续发展必须注重发展运动美。羽毛球运动的魅力推动更多的人参与羽毛球运动或者欣赏羽毛球赛事，羽毛球运动以其独特的运动美吸引着人们，使其成为最受欢迎的大众休闲、健身、娱乐方式之一。在参与或欣赏羽毛球运动的过程中把握羽毛球运动的运动美，提高人们对羽毛球运动的认识，既能提高自身的运动水平，也能提升人们的观赏水平，同时更有力地吸引人们自觉地参与到羽毛球运动中。

第三章　羽毛球教学概述

第一节　羽毛球教学的现状

在普通高校的体育课程学习中，羽毛球已成为不可或缺的一项体育选修课。通过学习羽毛球，可以增强大学生的身体素质，增加身体协调性和培养团队意识。高校应该采取积极的发展对策，鼓励开展羽毛球课程，并为其提供相关的服务，为大学生羽毛球爱好者提供学习平台。

一、高校羽毛球教学的价值

羽毛球具有较高的运动价值，是大学生比较喜爱的一门体育课程。随着高等教育的发展，高校体育教学水平不断提高，高校羽毛球教学也迎来了新的发展机遇。但是，许多高校在羽毛球教学中尚存在许多问题，如由于资金不足，一些高校的羽毛球场馆建设水平较低，羽毛球教学质量受到影响。高校羽毛球教学缺少统一的教材，许多教材内容严重老化。一些高校在羽毛球教学上还缺少专业的羽毛球教师，许多教师都没有接受过专业的培训。

二、普通高校羽毛球教学现状分析

第一，各大高校中的体育课程一般采取分层教学的方法，用课内加课外一体化的教学方法以及多媒体演示与表演的方法进行教学。由于学生本身的资质差异会造成羽毛球技术水平不同，另外，由于学生们来自全国各地，有不同的生活习惯，在教学过程中很难做到满足所有学生的学习需求。第二，部分高校的体育健身设施不够完善，很难适应体育课程安排教学的要求。另外，羽毛球作为此项运动的必需器材，由于羽毛易受损坏，羽毛球的消耗量较大，对于学生们来讲，也是一个比较苦恼的问题。第三，羽毛球在各大高校基本为室外教学，容易受到天气的影响，导致经常改变教学计划，这对教学的效果会产生不利的影响，对学生们学习羽毛球运动的积极性产生负面影响。第四，羽毛球教学主要集中于对运动中单个动作的不断熟悉和加强，导致羽毛球教学内容单一重复，这种竞技技巧的训练会使学生们产生厌倦心理。第五，在羽毛球课的教学中，老师要指导学生的相关动作规范，但是，在一些高校体育课程教学中，过分强调老师的主导地位，不利于发挥学生的主观能动性。第六，对羽毛球教学成绩考核，部分高校只重视考核学生当天的表现，忽视了部分学生在日常学习中的态度，这种考核成绩对身体素质不高的学生缺少公平性。第七，整体的高校体育教学师资力量呈现不足情况，部分教师的专业水平达不到要求。在羽毛球教学过程中，需要教师在教学、训练中发挥积极的指导作用，学生对课程的积极性主要取决于对教师的信任程度。

三、提高羽毛球教学效果的途径

（一）转变体育教学理念，完善基础设施

高校体育教学发展，要从体育教学理念改革开始。在高校体育教学中，落后的教学观念，对分数和体育技能的过分关注是影响体育教学质量和学生身体素质的一个重要原因。在新的历史时期，高校在羽毛球教学中，要以"提高学生健康水平，增强学生体质"为目标，适当淡化体育的技术难度和竞技色彩，着重培养学生良好的运动习惯和运动兴趣，为全民健身、终身体育发展奠定坚实基础。为了推动羽毛球的教学发展，高校还要加大体育教学的投入力度，完善体育场馆、场地等基础设施建设，认真编写或选用先进的教材，优化体育选修课程体系，走羽毛球教学创新发展之路。

（二）创新羽毛球教学内容和形式

目前，我国高校羽毛球教学材料以教材、图谱、光盘为主，理论知识较少，技术知识教学所占比重较大。虽然为羽毛球理论＋实践教学提供了方便，但是，却影响、削弱了羽毛球的理论教学效果，不利于学生对羽毛球运动内涵和价值的认识与理解。因此，在今后的教学中，高校既要重新选择、编制教材，适当保留原有教材中有益的教学内容，也要将更多的教学内容用到羽毛球教学中去，开设更多与羽毛球有关的栏目，如从网络资料库中搜集一些内容充实到教材中去，使羽毛球理论教学突破知识的局限性，使羽毛球教学知识以更加科学、形象的形式出现在学生面前，拓宽学生的视野，解决教学内容滞后与时代发展的矛盾。同时，教师还要根据教学任务和学生特点，灵活运用各种方法，以提高教学效率，真正实现体育素质教育目标。

（三）提高教师的教学能力

教师是教学的执行者，也是决定教学质量和教学效果的重要因素。高校要提高羽毛球的教学效果，必须建设一支高水平的羽毛球教师、教练员队伍。要求高校立足于

人力资源引进制度，根据羽毛球教学需要引进一批理论知识扎实、基础技术较好的羽毛球教师和教练员，并适当提高羽毛球教学队伍乃至体育教学队伍的薪资待遇，用薪资、制度和环境留人。高校还要与体育主管部门、其他高校携手，开展高校体育教学队伍培训，开展各种观摩、交流和学习活动，并选派教师、教练员去专业队观摩、学习，或聘请专业教练员来校进行培训和指导，以提高羽毛球教学队伍的教学能力和业务水平。高校羽毛球教师、教练员也要树立自主学习意识，积极主动参与到各种学习、交流和培训活动中去，掌握更多先进的羽毛球教学方法和训练手段，从根本上提高羽毛球教学、训练水平。

（四）建设体育文化，营造运动氛围

体育教学与体育文化具有相互促进的作用，两者都是依托高校体育活动、满足高校师生的需求而产生的。推广羽毛球运动，能有力地推动校园体育文化的建设和发展。高校体育文化建设同样可以提高广大师生对羽毛球教学的关注，激发他们参与羽毛球学习和锻炼的热情。因此，在做好羽毛球教学的同时，高校也要重视和加强校园体育文化建设，围绕羽毛球教学组建羽毛球体育社团或俱乐部，将热爱羽毛球运动的学生集中到一起，以社会实践的形式培养大家对羽毛球锻炼的热情、活动组织和管理能力，以缓解学生的学习压力，提高羽毛球运动的影响力。与此同时，高校还要以羽毛球社团为基点，经常组织一些高水平的羽毛球比赛和活动，让大家在亲身实践、高水平的比赛中领略羽毛球运动的魅力，推动高校羽毛球教学活动和课外活动不断发展。

（五）改革现有的考核制度

在羽毛球教学中，教师们应该设立合理的教学目标，并按照这个教学目标认真地履行每个教学环节，使学生在循序渐进的课程训练中提升羽毛球技能。在教学中也要培养学生自主创新的能力，使他们可以主动地学习。据第三方调查资料显示，学生在学习的过程中，认知是影响学习乐趣的重要因素。只有在学生们愿意学习的时候，教师的热情才会被调动起来，形成学生学得开心、老师教得尽力的好局面。

我国高校羽毛球教学在大学生体育精神和体育技能培养中发挥了积极作用。随着教学改革的不断深入，高校羽毛球教学模式和手法也有所改变。但从整体上看，高校羽毛球教学水平仍有待提高。要求高校认清羽毛球教学的真正价值，在羽毛球教学上积极探索，大胆创新，不断提高羽毛球的教学水平。

第二节　羽毛球教学中体育文化传播

随着新课改教育理念的实施及不断完善，身体素质教育作为学生综合素质教育的基础与前提也备受教育部门关注，其不仅是学生综合素质教育的重要内容，也充分体现了现代综合素质教育的核心与理想。高校羽毛球教学在某种程度上对于增强大学生身体素质有着不可替代的作用和优势，同时其对体育文化的传播也有积极意义。通过对高校体育文化传播的意义及羽毛球运动的特性进行分析，提出体育文化在高校羽毛球教学中的传播策略。

体育文化是人类特有的社会文化现象与文明成果，是人类在体育历史发展过程中创造出来的物质文明和精神财富的总和，是人类通过体育实践及体育生活创造出来的，它反映人类社会的社会属性、意志观念及时代精神等。当代校园体育文化在坚持具有中国特色的社会主义体育教育方向的同时，既要发展中华民族传统的体育文化，又要引进国际先进的体育文化。

一、体育文化在高校传播的重要意义

（一）校园体育文化可以促进学生身体素质发展

体育在学生全面发展中其本质功能是健身。首先，学生学习主要是脑力劳动，这就使很多学生身体素质极差。其次，很多孩子受诸多因素影响怕吃苦、惰性强，体育文化渗透到日常教育就可以在一定程度上增强学生的身体素质。而且校园体育教育具有持久性，能带动学生体育自主学习，对于培养学生体育意识和精神有很大作用。

（二）校园体育文化有利于学生个性化发展

体育文化内容丰富多样，能够充分满足学生不同体育需求，学生可以根据自己的性格及目前的身体状况选择适合自身的体育项目，而且很多体育项目也会对学生的性格产生一定影响，对于发现学生体育特长，培养其独立性和创造性都有一定作用。

（三）校园体育文化有利于培养学生社交能力

随着各类新兴文化及外来文化的融合与冲击，社会竞争也越来越激烈。这就导致很多学生不愿意或惧怕与人交往，长此以往，社交能力也会受到很大影响。因此对于学生来说，培养其人际交往能力也是学校和教师教育教学的重要内容之一。一些体育项目中每个人都有自己的站位或角色，这对于培养学生团结合作意识、与人交往能力以及自身责任意识都有积极意义。

（四）校园体育文化有利于促进学生心理健康发展

校园体育文化的目的之一就是促进学生身心自由健康发展。时下社会发展迅速，经济文化发展对人才的要求越来越高，学生面临的压力也越来越大。再者受情感、环境等其他因素影响，高校学生的心理健康问题也日渐严重，学生需要通过一些极具趣味性、竞争性和娱乐性的活动来调节情绪。体育运动对培养学生心理承受能力、增强其自信心和意志力都有很大作用。

不管是日常的羽毛球健身活动还是有规则的羽毛球比赛，其运动过程中都需要脚下移动、跳跃、转身体、挥拍等动作，经常适当地打羽毛球，不仅能够增加上下肢及腰部肌肉的爆发力，还能促进运动者全身血液循环，增强其心血管及呼吸系统功能。

羽毛球对于场地环境的要求并不高，也属于一次投入长期受益的体育项目，适合各个年龄段和不同体质的人进行锻炼。而且我国人口众多，对于发展羽毛球运动和培养大众体育文化都有积极意义。

羽毛球运动过程中运动者动作及球的运动轨迹千变万化，使其具有很强的可观赏性。羽毛球运动属于娱乐活动，对于发泄情绪、培养学生娱乐兴趣都有作用。羽毛球运动对于增强运动者力量、速度、耐力及灵敏度和柔韧性等都有帮助。长时间运动可以增强人体的反应能力和协调能力。

羽毛球运动虽然运动量大，运动者身体动作幅度却是极小的，而且在运动过程中不会与他人发生肢体冲突，这就很大程度上避免了参与者在运动中受伤的可能。

二、高校羽毛球教学中传播体育文化的策略

当下，我国很多高校体育教学存在问题，这对于高校校园体育文化的传播是有很大影响的。针对一系列问题，学校及教师应积极提出解决办法及建议。

（一）丰富教学内容

常见的大学体育教学过程中，教师只是让学生自由活动，这样很多体育意识差的学生就会利用体育课堂做一些其他事情或是直接离开，这对于高校体育教学及体育知识的传播是极其不利的。教师应该充分认识到体育教育的重要性，积极引导学生开展羽毛球运动。在课上教师可以先就羽毛球的起源、分类及种类等基础知识对学生进行讲解，在此过程中还可以穿插一些和羽毛球运动有关的逸闻趣事。然后根据学生对羽毛球技巧的掌握程度进行分层教学。对于羽毛球运动基础薄弱的学生，教师可以先从发球开始教起，中间可以穿插一些低难度的羽毛球比赛等，在学生初步掌握羽毛球运动要领后，就可以适当加入一些像运球接力赛、投掷轻物等兴趣类游戏，不仅能调动

学生学习兴趣，对于培养学生合作、竞争意识也有积极意义。

（二）开展拓展训练

除了羽毛球基础知识和基本内容的教学，教师在羽毛球教学中还可以适当增加一些羽毛球拓展训练，尤其对于一些基础技能扎实且对羽毛球运动有极大特长和兴趣的学生，教师可以引导其了解一些羽毛球运动中的步伐、搓球技巧及注意事项等。这对培养学生体育素养和身体素质都有很大益处，也在一定意义上实现了高校体育文化的传播。

（三）学校应充分重视高校体育教育

高校在体育文化传播和发展的过程中应高度重视体育课程，不断完善体育教育体系，加强对体育教师和学生文化学习的监管。各职能部门积极制定各种体育规章制度，使学校的体育工作能够法制化、规范化地运行，对促进校园体育文化蓬勃发展有积极意义。对于一些不按羽毛球课程计划进行教学的教师教学行为，相关部门应按照规章制度做出相应处理。

（四）不断完善羽毛球运动设施

高校学生数量较多，学生对体育运动设备存在较大需求量，学校应根据学生的实际情况适时引进一些高质量的羽毛球设备，尽可能为学生提供开阔平坦的运动场地。当然，一些更高要求的比赛类场地在高校体育运动中也是不可或缺的。

（五）多开展一些课外羽毛球活动

科学有趣的课外体育活动对于调动学生体育运动积极性和自主性，提高学生综合素质，促进学生心理健康发展，以及帮助大学生养成良好的生活习惯都有一定作用。目前，很多高校的课外体育活动大多仅限于大型校园运动会或趣味性运动会当中，而这类运动会中往往很少涉及羽毛球比赛项目。学校和教师应该有计划地举行羽毛球比赛。另外，学校和教师应大力支持羽毛球运动类社团的建立和发展，以有利于羽毛球运动在高校的传播。

重视大学生校园体育文化建设不仅能够提高大学生的身体素质，促进大学生心理健康发展，对于培养高校学生团队合作意识、社交能力和推动体育文化传播也都大有裨益。当然，要想调动学生的羽毛球运动兴趣，教师就必须丰富教学内容，为大学生创设轻松愉悦的教学环境。

第三节 高校羽毛球教学方式

高校羽毛球教学在一定程度上能够增强学生的身体素质。基于此，本节从羽毛球教学在高校教学中的作用展开论述，介绍了高校羽毛球教学现状，详细阐述了在高校羽毛球教学中，教育工作者可以采取分层教学、兴趣教学、多元化评价教学、信息化教学、实践教学等教学方式，来创新羽毛球教学。羽毛球是比较容易掌握的体育项目之一，通过羽毛球教学，高校可以培养学生的运动习惯，从整体上提升学生的身体素质。因此在教学过程中，高校要深入分析现阶段羽毛球教学中存在的问题，并采取相应的措施来优化高校羽毛球教学方式，促进学生身心健康发展。

一、羽毛球教学在高校教学中的作用

现阶段，羽毛球教学在高校教学中的作用主要体现在以下四方面：第一，增强学生身体素质。在高校羽毛球教学中，学生能够得到体育方面的锻炼，增强身体素质。第二，培养学生良好的运动习惯。优质的羽毛球教学，能够培养学生对羽毛球运动的热爱，从而使学生形成良好的运动习惯，促进学生身心健康发展。第三，加强学生之间交流。羽毛球属于双人运动，因此能够给予学生们在运动中互相交流的机会，有助于构建学生之间和谐的关系。第四，放松学生身心。羽毛球是一项比较简单、轻松的运动，学生能够通过羽毛球运动来放松身心，体会运动的乐趣。

综上所述，羽毛球教学在高校教学中的作用主要体现在增强学生身体素质、培养学生良好运动习惯、加强学生之间交流、放松学生身心等方面。

现如今，高校羽毛球教学的状态主要体现在以下四方面：第一，教学不精细。高校学生基本都是成年人，各方面的习惯、能力等大多也已经定型，所以个体差异比较大，这就使教学难以精细化，降低了羽毛球教学的效果。第二，教学方式枯燥。由于羽毛球教学不是重点考试科目，部分教师对羽毛球课也不太重视，造成了教学方式过于单一、乏味，降低了学生学习的积极性，影响教学效果。第三，评价方式单一。现阶段的评价方式以教师评价为主，有一定的局限性，不能完整地反映出学生的学习情况，在一定程度上容易打击学生的积极性。第四，教学资源有限。这造成了羽毛球课程内容过于空泛，缺乏趣味性，也不够具体，不利于学生对羽毛球运动知识的掌握。第五，理论知识与实践结合不够。在现阶段羽毛球教学中，教师对学生的指导不够，难以发挥理论知识的作用，降低了实践教学的效果。

综上所述，高校羽毛球教学的状态主要体现在教学不精细、教学方式枯燥、评价方式单一、理论知识与实践结合不够等方面。

二、高校羽毛球教学方式的创新分析

（一）分层教学

在羽毛球教学中，教师可以根据学生的羽毛球运动基础将学生分为两个层次，针对羽毛球运动基础好的学生，教师需要侧重技巧教学，适当地加大训练强度，进一步发掘学生的潜能，与此同时，教师对运动基础较为薄弱的学生，要注重理论知识和理论实践方面的基础知识讲解和示范。优化学生的羽毛球运动能力，实现分层教学，从而兼顾大多数学生的情况，在确保学生能够跟上课程进度的同时，充分满足学生的学习需求，全面提高学生的羽毛球水平。因此教师可以通过分层教学来创新高校羽毛球的教学方式，提高高校羽毛球教学的效率。

（二）兴趣教学

羽毛球教学不仅能够增强学生的体质，还可以让学生在运动中得到心灵上的放松，促进学生形成良好的运动习惯，这是确保学生身心健康发展的有效途径。在羽毛球教学过程中，教师通过组织学生进行羽毛球比赛，可以调动学生运动的积极性，加深学生对羽毛球运动的了解，提高学生的参与度，吸引学生的注意力，实现兴趣教学。除此之外，教师可以在教学过程中加入羽毛球体育游戏，能够增强课程的趣味性，为羽毛球教学创造一个轻松、活跃的氛围，激发学生运动的积极性，因此教师借助游戏和比赛等教学活动创新教学方式，可以培养学生对羽毛球运动的兴趣，提高课堂教学质量。

（三）多元化评价教学

羽毛球运动可以锻炼学生的敏捷性、体力、协调能力、合作能力等多方面的能力，因此在评价过程中不能仅根据单一的成绩来判定水平高低，教师要更注重学生的学习过程，采取多元化评价的创新教学方式，来进一步提高高校羽毛球教学的水平。在教学过程中，教师可以采取学生之间互评与教师评价结合的方式来实现多元化评价教学，学生在相互评价的过程中，可以加强经验的沟通和交流，以此来促进学生对羽毛球运动的学习，同时学生结合教师给予的评价能够进一步提升自身的羽毛球水平。除此之外，教师要注意把控好评价的周期，周期太短或太长都无法准确地呈现出学生的学习状态，因此教师制定规范、有效的多元化评价体系，使评价教学能够充分发挥自身的激励作用，提高学生的羽毛球水平，因此教师可以借助多元化评价教学方式来实现高校羽毛球教学方式的创新，增强高校羽毛球教学的效果。

（四）信息化教学

如今社会已经进入信息时代，教师要顺应时代的发展，积极采用信息化的手段实现高校羽毛球教学，创新教学方式，丰富课堂内容，提升教学水平。在教学过程中，教师可以利用互联网来收集教学资源，并采取多媒体等教学方式，具象化理论知识的讲授，从而增强课堂教学效果。例如，在高校第一学期，在羽毛球运动的一般知识和基本握拍法的课程中，教师可以在课前借助信息技术来收集关于羽毛球运动诞生、发展的相关知识，做好多媒体课件，在课堂上借助图片、短视频向学生介绍羽毛球运动的知识，通过握拍法的演示视频具象化理论知识，在丰富课堂内容的同时使羽毛球课程知识的讲授更加具体形象，加深了学生对课程知识的印象，因此教师通过信息化创新教学方式，可以增强高校羽毛球的课堂教学效果，为培养学生对羽毛球运动的兴趣打下良好的基础。

（五）实践教学

实践教学是羽毛球教学中的核心组成部分，现阶段的羽毛球实践教学中，教师往往会采用教师示范、学生模仿的单一教学方式，在实践教学中对学生的指导不够，无法充分发挥理论知识的作用。因此教师可以采用理论实践相结合的方法，来创新高校羽毛球教学方式，促进学生对羽毛球运动知识的掌握。在教学过程中，教师在讲解理论知识并演示动作之后，可以让学生以小组为单位进行练习，互相纠正练习中的错误，教师再对练习中出现的问题进行统一指导，加强理论与实践的结合。例如，在高校第一学期羽毛球后场击球技术的课程中，教师可以先示范，然后讲解动作要领，并将学生分为4组，在场地的两边对发球，练习动作，教师通过观察再对学生练习中出现的问题进行及时的讲解，实现理论与实践的结合，以此来促进学生掌握运动知识，因此教师可以通过创新实践教学方式，来增强高校羽毛球教学效果。

综上所述，高校羽毛球教学可以促进学生的全面发展。在高校羽毛球教学过程中，教师可以通过因材施教、培养学生对羽毛球的兴趣、增强评价教学的效果、加深学生课程知识印象、理论实践相结合等方式，进一步提高高校羽毛球教学水平和学生的运动能力。

第四节　高校羽毛球教学发展

羽毛球是一项很容易被人们所接触到的运动。我们依据一份国家关于全体人民体育状态的调查报告做出了分析，发现羽毛球是仅次于散步，为人们所喜好也经常进行的运动，进行羽毛球活动的人数占到了全体人民的 20%，不难看出，羽毛球既是一项贴近人们生活的体育运动，又是一项可以提高身体素质的运动。在这之中，羽毛球运动者大多集中在普通高校。但是，高校对羽毛球教学并没有过多的投入，并且教师资源匮乏，学生的羽毛球能力得不到良好的发展，完善的羽毛球场地也并不多，这些都是我们面临的难题。下文将全面地对高校羽毛球的教学状态进行观察与分析，更深层次地了解羽毛球教学阶段所面临的困难，然后找出解决这些困难的方法。

一、强化沟通，引起相关职能部门的关注

目前，高校对羽毛球教学的专业性不太重视，究其原因还是有关管理部门并没有对羽毛球教学有过多的了解，绝大部分精力花在了应试教育上，在体育教学上的关注和投入都太少了。身为教师，要以身作则，带领学生积极地完成有关教学工作，作为学生，要对羽毛球具有激情，多和教师交流，争取取得优异的成绩，而且要不断地向有关部门上报近期的情况，尽可能地让领导清楚羽毛球的教学动态。我们可以在合适的时间邀请有关部门来观看我们的教学过程，从而让他们提出指导性的建议，还可以多去参与羽毛球竞赛，使他们亲身感受羽毛球运动的特点，带给他们不一样的体验，让他们感受到运动的魅力，这对羽毛球教学工作的发展有着重要的意义。

二、积极招揽人才，壮大师资团队

教学工作的开展最根本的力量在于教师团队的强大，只有当我们的教师有着过人的专业知识与专业素养，才能把我们的教学工作进行得非常完美。但是我们现在面临的问题就是，缺乏这样的人才，高校羽毛球教师普遍专业技能都不太硬，想要提高教师的专业水平也并不是一朝一夕就能完成的事，所以说目前羽毛球教师专业人才的缺乏是一大难以攻克的问题。所以，我们必须从长计议，增强现任羽毛球教师的培养，花费财力与物力进行任职教师的再深造，学习与借鉴优秀团队的训练方式，再综合高校的教学风格，完美地融合两者的优点，做出完美的教学方案，这就需要学校和教师共同努力了。当然，还要广招人才，采取"聘用制"的方式赢得优秀的羽毛球运动员与教师青睐，让他们真实地感受到我们的决心，感受到对他们的渴望与尊敬，希望他们真正地提高高校羽毛球教师团队的集体水平，培育出下一代有高水平、强技术的羽毛球人才。要积极地使用"走出去"与"引进来"这两种方式，使高校羽毛球专项教学得到一个显著的提升。

三、优化教学方案，充实教学内容

现在互联网的飞速发展，正好可以为我们的教学带来不一样的教学方式。多媒体技术日益成熟，图片的高清与美化，记录每一个专业化动作，在教学过程中可以定格，清楚地展现给每一个学生进行学习和模仿，视频的多元化功能，记录我们每一场专业化的比赛，在赛后的回忆和用来做教学素材都是不错的选择。它既是教师在羽毛球教学过程中的"得力帮手"，也是教学成果的"见证者"。合理地使用多媒体，不但能提高学生对羽毛球学习的积极性，也可以使教师在教学阶段遇到的一些问题更加具体化、真实化，从而解决得更加轻松，游刃有余。例如，肖杰《学打羽毛球》①的有关素材，不但可以提高教师教学内容的多元性，更能使学生在吸收知识时更加轻松，觉得学习既是一个玩的过程，也是一个与老师和名人互动的环节，在快乐的学习中成长，这显然是大家都想看到的教学方式和结果。

四、着重于技术训练，顺带着比赛的教学方式

目前，羽毛球运动员的专业能力也达到了一个新的高度。在男双比赛中，大范围跳跃更是作为主要的进攻手段。在混双比赛的过程中，进攻方式也逐渐出现不分男女的"平衡进攻"，男单的比赛比较突出的战术就是"高放"，在女双的比赛中则会出现清一色的前半场双压打法，然而以前的慢节奏打法渐渐地被取代，例如，女单拉掉式打法，逐渐吸收男单打法中的速度风格，体现出了"男性化"的打法。那些双脚起跳扣杀已没有以前那样具有新奇性，而鱼跃救球渐渐崭露锋芒。所以，从这些现象的改变中可以看出，初学者应该进行多元化的训练，从接触羽毛球开始就形成组合技术的训练，这样才不会养成错误的技术动作，使得在后期的成型阶段对动作掌握得更加熟练，获得更高的击球准确率，提升羽毛球技术，在比赛中更加从容地面对对手。当然了，这样的教育方式同样适用于高校，虽然对学生的要求并没有达到去比赛的程度，但是教师通过此教育方式，可以使学生在学习羽毛球的道路上少走许多弯路，也能使学生在学习的过程中养成好习惯，在学习其他的知识时也能达到事半功倍的效果。

当今，高校的羽毛球教学还面临着诸多问题。教师团队的专业水平没有达到一个高度，对于教学研究也没有投入过多的财力与物力，还只是一个萌芽阶段。不过这些都是可以克服的问题，因为在当前的高校教育教学过程中，羽毛球教学越发地被人们重视，明白了其中的重要性，相信在不久的将来，羽毛球教学质量会达到一个崭新的高度，全民的羽毛球技术也会有飞跃般的进步。

---

① 肖杰.学打羽毛球[M].北京：人民体育出版社，2000.

第五节　羽毛球教学中的影响因素

羽毛球运动是一个深受大众喜爱的运动项目，兼具娱乐性和竞技性的特点，不仅能够达到强身健体的效果，还具有缓解压力、愉悦身心的作用。在高校体育教学中，羽毛球运动也是很多大学生追捧的体育运动项目。在实际的教学过程中，由于受到多种因素的制约，严重影响了大学生学习的积极性，进而给羽毛球教学整体质量提升带来了不良影响。

现代羽毛球运动是 20 世纪初从国外传入我国的，之后在我国快速地发展起来，受到大众的喜爱，且该项体育运动在多项国家比赛中获得优异成绩。与其他体育项目相比，羽毛球运动适宜的人群较广，而且运动强度可以自由掌控，运动优势比较明显。将羽毛球运动引入高校的体育教学，主要是看中了它的运动优势，方便学生开展此项运动，达到强身健体，提升综合素质的目的。但是在实际的教学中，存在较多的因素，影响到了大学生参与此项体育运动的积极性。为了提升羽毛球运动的开展效果，有必要对此展开深入的研究和探讨。

一、在高校羽毛球运动教学中影响学生参与积极性的重要因素分析

（一）教师因素

在高校羽毛球运动教学中，教师起着组织领导的作用。他们的教学水平直接影响着课堂教学的效果和质量，并且在很大程度上影响着学生对羽毛球运动的学习热情和积极性。因此，体育教师要注意提升自己的专业知识和执教技能，创新教学方法，注重体育动作示范的规范性和标准性，并且还要注意增强羽毛球运动教学的趣味性，这些都可以在一定程度上提升学生对羽毛球学习的兴趣和积极性。与此同时，教师的课上情绪控制和教师的个人魅力，很大程度上对学生学习羽毛球产生影响，因此，体育教师要注重自己的日常言行，给学生做好榜样，另外还要加强自我学习，注重提升自己的个人魅力，给学生以积极的影响和感染，同时带动他们自觉地参与到羽毛球运动的教学中来。

（二）学生的因素

在大学学习期间，很多大学生首先关注的还是自己的专业学习，对于参与体育运

动，仅仅是为了达到毕业的合格成绩。在完成体育测试以后，学生参与体育锻炼的热情和积极性就会慢慢消退，其中就包括羽毛球运动。与此同时，还有一部分学生认为文化学习比体育运动更重要，他们宁愿花大量的时间在专业课学习和课外书阅读上，也不愿意花小部分时间在体育运动上，他们认为参与羽毛球运动就是浪费时间和生命。另外，还有一部分学生由于个人情绪和身体上及性格上的原因等，不愿意参与到体育运动中来，这些因素都在很大程度上影响了大学生参与羽毛球运动的积极性。

（三）教学活动的心理负担过重

在羽毛球教学中，除了要注重动作的练习，还需要投入高度的注意力，只有这样，才能取得良好的教学效果。在实际的羽毛球教学中，教师要注重创新和优化教学方法，促使学生们能够全身心地投入到课堂教学中来。俗话说，兴趣是最好的教师。因此，教师要注重发挥兴趣的驱动作用，有意识地增强课堂教学的趣味性，提升学生对羽毛球学习的兴趣。在教学中，很多学生具有很重的心理负担，他们的领悟能力较差、学习能力不强，在羽毛球的学习中很难跟上大家的学习节奏，这就在无形中加重了这部分学生的心理负担，内疚、自责甚至是自暴自弃的心理情绪一旦占据了主导地位，学生就很难对学习羽毛球产生积极性。

（四）体育教学活动的因素

教学活动开展的质量高低，在一定程度上也影响着学生学习羽毛球的积极性。这主要体现在课程安排是否合理、学习进度是否科学，运动强度和训练强度是否适当等因素上，这些也都是严重影响学生参与羽毛球运动教学积极性的重要因素。除此之外，课堂气氛、教学环境等因素也成为影响学生参与羽毛球教学积极性的潜在因素，这是值得教师关注的。

二、在高校体育教学中提高学生学习羽毛球运动积极性的有效措施分析

（一）创新教学方法，提升学生学习羽毛球的兴趣

当代在校大学生，基本属于 90 后和 00 后，他们对各种新奇事物都具有强烈的好奇心，崇尚个性自由，因此传统的羽毛球教学模式和教学方法，难以激发出他们学习的兴趣和积极性。针对这种情况，高校的体育教师要积极转变教学观念，树立现代教育理念，不断探索和创新羽毛球教学模式和教学方法，用新颖、高效的教学方法，吸引学生的注意力，提升他们参与羽毛球教学的主动性和积极性，如运用现代先进的教学设备、游戏教学方法、以 PK 的形式开展教学的方法等。创新教学模式和教学方法，一方面，既丰富了羽毛球的课堂教学，又增强了课堂教学的趣味性和新鲜感。另一方

面，可以起到活跃课堂氛围，提升学生参与课堂教学积极性的作用。

（二）加强对羽毛球教学过程的管理工作

在大学体育教学中，学生学习羽毛球的积极性受到多种因素的影响，其中包括课程内容的安排、运动时间的长短、运动强度的大小、学习目标的高低及学生对羽毛球运动的认同感强弱等。这就需要体育教师充分认识这些影响因素的重要性，并进一步加强羽毛球教学过程管理工作。在羽毛球的实际教学过程中，高校体育教师要注重调整和优化羽毛球的课堂教学模式，并依据本校学生的心理特征和学习能力，对教学方法和策略进行创新和优化，使得高校羽毛球课堂教学更具高效性和科学性。

（三）进一步改善羽毛球课堂教学环境

学生对学习环境还是非常在意的，都很向往轻松、活跃、自由的课堂学习环境。教师要针对学生的这种需求，积极做出教学上的调整，进一步优化授课方式，使其更具灵活性和趣味性的特点，能够有效活跃课堂氛围，为学生创造舒适的学习环境。在实际的羽毛球教学中，体育教师要进一步提高自己的教学能力，尽量使用多样化的教学方式，满足学生个性化的学习需求。教师可充分挖掘学生的兴趣爱好和思想观念特点的同时，并将这些和羽毛球教学充分地融合在一起，尽量采用一些流行元素，提升学生对羽毛球教学的新鲜感，从而激发学生参与羽毛球运动的积极性和主动性，并进一步提升羽毛球课堂教学的质量和效果。

（四）教师要加强学生羽毛球学习的课外辅导

在高校羽毛球的课堂教学中，教师要鼓励学生利用课余时间多练习，并注意加强对学生的课下辅导工作，并且教师也要鼓励学生成立羽毛球互助小组，利用课下时间，互相帮助，互相监督，共同进步。当前，我国很多高校都存在各种各样的社团，这种社团吸纳有共同爱好的学生加入。教师要鼓励学生积极参加羽毛球的相关社团，并利用空余时间，深入到社团里，对学生的羽毛球运动加强指导和辅导，让学生全面而深刻地感受羽毛球运动的魅力和价值，并进一步提高对羽毛球学习的积极性。

综上所述，在高校羽毛球的课堂教学中还存在很多因素，严重影响着学生参与这项体育运动的积极性。高校的体育教师要全面而深刻地认识这些影响因素，积极转变教学观念，树立起现代教育的理念，在尊重学生的个性发展和学习需求的基础上，不断探索和创新羽毛球的教学模式和教学方法，改善教学环境，最大限度提升学生羽毛球学习的兴趣和积极性，实现羽毛球教学的进一步发展。

第六节　高校羽毛球教学的实效性

当前高校学生体育项目较多，但羽毛球对应的忠诚度一直保持最高水平。本节首先分析了高校羽毛球教学实效性的现状，从羽毛球教学硬件设施不完善、活动机制不确定以及忽视基础理论实质等因素，然后进一步研究得到增强高校羽毛球教学实效性的方式，即优化教师团队、丰富教学手段以及使用分层次教学方式。希望本节研究内容，能够帮助高校增强羽毛球教学的实效性。

在这几年时间中，由于高校教学的不断深入与加强，体育在所有教育中的比重也逐渐增加。而从体育教学的角度来说，最根本的目标即为帮助学生锻炼身体，进而保证学生的身体素质以及健康情况，让学生能够以更加积极的态度去面对以后的人生。在所有体育项目内，羽毛球相较于其他运动来说更加简单，并具有较强的可操作性，因此越来越多的学生都开始了羽毛球运动。在高校体育教学内，普遍会使用传统教学方式，同时强调学生技能的学习，因此会忽视学生心理素质方面的问题。

一、高校羽毛球教学实效性的现状

（一）羽毛球教学硬件设施不完善

在羽毛球教学训练过程中，最为根本的条件即为训练场地。根据数据调查能够知道，我国很少有高校专门为学生羽毛球学习提供场所，普遍都是将排球、篮球以及羽毛球等场地共同使用。若高校内没有专门的室内羽毛球场，则只能使用室外教学方式来安排，如此天气等因素将对羽毛球教学带来巨大影响，并拖延羽毛球教学进度，对学生的实际课程安排产生较大影响。当前也有大量高校学生将羽毛球课程变为选修课。由于羽毛球场较少，出现了几组学生使用一个羽毛球场地的现象，同时也降低了教学课程本身的效果，实效性也会变得越来越低。

（二）羽毛球课外体育活动机制不确定

学生希望体育老师能够使用较少的时间，帮助学生达到强身健体的目的，这显然不能实现。老师应该监督学生利用课外时间展开锻炼。根据相关调查能够知道，就我国现状来说，高校大学生参加羽毛球活动的时间更少。同时学生在课外参加羽毛球活动时，都没有专业的教练或相关人员进行指导。大多数学生在开展课外羽毛球活动时都显得极为随意与松散，进而导致羽毛球运动能力也变得更低。上述现象也导致当前羽毛球活动不能正式开展。但还存在少量高校较为强调集体活动形式，同时针对羽毛球比赛活动进行组织与设计。而开展该活动的人员也仅仅是部分羽毛球爱好者，就学生来说，很少有人参与活动。

（三）忽视了羽毛球基础知识教学

因为体育教学室外模式存在特殊性，所以对体育教师的考验也更大。但当前的现状则是，大量体育教师都没有重视羽毛球教学的基础知识，进而无法激发学生对羽毛球运动的爱好，同时也没有从本质上了解羽毛球运动的根本技能。体育老师应该向学生教授更多的羽毛球基本理论，并将羽毛球的学习意义以及价值展现在学生眼前。当学生真正发现羽毛球的本质含义后，就会对知识产生较大的兴趣，如此也能够进一步掌握运动规律与技能要点，同时增强整个羽毛球教学对应的实效性。

二、增强高校羽毛球教学实效性的策略

（一）选择更加丰富的教学方式，通过现代化技术开展教学工作

在这几年时间中，由于科学技术的持续进步与发展，高校教学工作已经与科学多媒体工具之间有了极为紧密的联系。所以在体育教学内存在的羽毛球教学也能够与其他学科一样，充分使用现代社会的科学多媒体技术。例如，能够将动作要领以及相应的羽毛球理论知识采用动画以及图片的方式更加生动地表现出来，帮助学生提高对羽毛球专业知识的记忆度以及理解度。

（二）完善教师团队，组织一个更为优秀的专项教师团队

当前我国大多数高校之中，都没有专门设立羽毛球专业团队。我国古语中就曾经表示，没有不能好好学习的学生，只有没有正确使用教学方式的教师。由此能够发现一个老师本身的能力与知识将直接作用到其所教学生的质量。因此，我国应该逐渐强化羽毛球教师团队，进而得到一个属于自身高校的高质量羽毛球教师团队。

（三）分层次教学方式，加强学生之间的沟通

就体育教学的角度来说，可以使用更加简单的分组教学方式。该方式不单单能够加强各个学生之间的交流，同时也能够增强学生的感情，让学生能够自主进入到羽毛球学习过程中。众所周知，兴趣是所有学习内容最好的教师，能够使学生自身主动地展开学习，其对应的效果必然强于被动学生。从传统式教学的角度来看，老师普遍都是为所有学生制定一个相同的学习目标，进而就会产生较为严重的两极分化现象。简单来说，成绩更好的学生，对应的学习速度也相对更快，那么成绩必然也更好；成绩差的学生，对应的学习速度更加缓慢，那么成绩必然也更差，进而使学生与学生之间的差距越来越大。当前高校羽毛球教师能够使用分组教学的方式帮助学生提高羽毛球

学习质量。从分组方式的角度来说，老师能够按照学生本身对应的教学目标、内容以及个体差异等不同特征，将学生划分为三个不同等级的层次。根据上述提出的分组模式，不仅能够推动学生之间形成良性竞争，促进学生学习动力，而且能够最大限度上调动学生学习各种不同知识的兴趣。羽毛球教师还能够针对不同的内容做出调整，帮助学生获取最适合自己的方式。

根据上述内容能够知道羽毛球教学在表面上较为简单，但真正要在高校内开展还存在较大挑战。高校的羽毛球教学过程中，必须要求体育老师具备较丰富的专业知识，同时也要有大量实践经验，如此才能够帮助学生进一步增强自己的身体素质，丰富羽毛球方面的专业知识。

第四章 羽毛球教学模式

第一节 高校羽毛球俱乐部教学模式

随着新课改进程的推进，俱乐部教学模式越发适应高校羽毛球教学，但是依旧存在一些不足，有待进一步改进与完善。本节基于高校羽毛球俱乐部教学现状，提出了一些切实可行的教学策略，希望提升高校羽毛球教学有效性。

羽毛球是非常受高校学生青睐的一种体育项目，在锻炼学生身体素质，培养学生身体协调性等方面具有重大的作用。然而，当下许多高校羽毛球教学中依旧会采取"教师示范＋学生模仿/训练"的授课模式，影响了学生参与教学活动的兴趣，无法提升教学效率。而俱乐部教学模式在教学中的引入，可以有效激发学生参与教学活动的兴趣，提升他们自主学习效果，强化该种教学模式应用的专项教学意义重大。

一、因材施教，开展分层教学

在开展高校羽毛球俱乐部教学的过程中，虽然大多数学生都是按照自己的兴趣和爱好来选择的，但是他们的身体素质、羽毛球基础素质等个体之间存在比较大的差异，有些学生的羽毛球基础能力扎实，有些学生的基础能力则为刚刚入门。此时如果开展俱乐部教学的过程中不考虑学生个体差异，教师在授课的过程中完全按照"一刀切"的教学模式和指导方式来进行教学，那么势必会影响部分学生的学习效果。针对这种情况，为了改善羽毛球俱乐部教学模式，体育教师必须注意本着因材施教的原则，科学地开展分层教学。但需要注意的是，分层教学之前需要结合高校学生的羽毛球学习基础情况，尽可能将羽毛球学习基础相近的学生划归到一组中，之后可以针对不同组的学生采取差异化教学内容和方法，逐步提升他们学习的有效性。

例如，在开展羽毛球俱乐部教学期间，教师可以结合班级学生的羽毛球学习基础，划分成高、中和低三个学习层次，然后针对不同层次的学生给予不同的教学方法、内容以及指导。针对高层次的学生，他们的羽毛球基础知识与技能已经达到了一定水准，此时教师在授课过程中可以侧重指导学生一些高难度的羽毛球技能，且可以适当地加快教学的进度；对于中层次学生的学习，可以保持正常的教学速度，按照由简到难、由浅入深的顺序来开展教学；对于低层次学生的学习，由于他们的羽毛球基础技能水准偏低，教师可以侧重多次重复开展，力求深化他们对羽毛球知识与技能的理解和认识，其间需要结合学生的实际学习情况来对教学内容和进度进行合理调整，力求更好地保证学生教学需求。

二、以生为本，更新教学内容

俱乐部教学模式在高校羽毛球教学中应用的可行性是毋庸置疑的，但是在当下的羽毛球教学中，因为存在教学内容陈旧、不足等问题，不满足高校学生学习需求。比如，教师只是按照教材上的内容安排来开展授课，忽视了学生在课堂教学中的能动性或者没有结合俱乐部教学的内容来对教学内容进行及时更新，同样会对俱乐部教学模式的应用效果产生影响。又或者高校羽毛球俱乐部教学模式的过程中，教学内容如果一成不变，就势必会影响教学的效果，所以为了提升羽毛球俱乐部教学模式的效果，必须顺应新时期高校学生的学习需求以及俱乐部教学模式应用需求等，本着以生为本的教学理念，对教学内容进行变革，确保羽毛球教学过程中所用的教学内容和技巧等更加符合高校学生的学习需求，从而更好地实现羽毛球俱乐部教学目标。

例如，在为学生讲解"高抛接球"这部分知识时，体育教师可以在授课之前先组织全体学生开展"多打少"或者"二打一"的对抗性练习，借此来激发学生学习兴趣。之后体育教师可以继续和那些表现比较好的学生开展"一对一"对打训练，进一步激发学生学习兴趣。然后教师可以继续采取组与组之间的对抗赛，由各组学生自主选择人数以及制定规则，其间教师自身可以充当裁判，适时加以指导。在开展一段时间对抗训练且保持高昂学习兴趣后，教师可以因势利导，为学生讲解高抛接球部分的知识，这时候由于他们已经经历过系统训练，所以继续接受训练后可以有效提升自身的训练效果。

三、夯实基础，完善教学条件

完善的教学条件是确保羽毛球俱乐部教学模式在高校羽毛球教学中顺利应用的重要保障，但是如果存在教学基础设施或教师力量不足，这些基础教学条件如果不满足俱乐部教学需求，那么同样会影响俱乐部教学模式的应用效果，进而同样会对羽毛球俱乐部教学模式的应用质量带来不利影响。或者说，除了强化教学方法训练和教学内容变革外，同样要注意在开展授课中完善俱乐部教学模式应用所需的各种条件，具体主要包括师资力量和羽毛球设施与场地建设等。

例如，在开展羽毛球俱乐部教学期间，要注重从提升教师的整体素质入手，加强高校羽毛球教学的师资力量建设。比如，可以不断改进现有的高校羽毛球兼职教师的教学现状，大力扶持高校内部的羽毛球教师积极参与专业的培训，提升他们的专业知识素养和技术水平，同时要不断补充他们的羽毛球专业教学知识与技能，这样才能更好地满足学生的实际学习需求，提升他们的整体教学素质。此外，要注意强化羽毛球场地等基础设施建设，确保满足实际的教学需求，避免因为教学条件不足而影响整体的俱乐部教学模式应用效果。比如，要注意结合高校参与羽毛球课程教学的学生人数来完善教学场地的基础设施，只有这样才能提升羽毛球俱乐部教学的有效性。

总之，俱乐部教学模式是一种符合高校羽毛球教学的教学模式，在激发学生学习兴趣的同时，提高他们学习效果方面的应用优势非常突出。在实际的应用中，要注意结合学生学习的实际情况，灵活地开展分层教学的同时，创新教学内容，强化羽毛球场地等基础设施建设，确保可以有效利用俱乐部教学模式提升羽毛球教学的有效性。

第二节　高校羽毛球运动教育模式

在当前应试教育大背景下，注重文化知识，轻视体质训练的现象十分普遍，加之体育课程枯燥乏味使得学生参与体育运动的热情不高。为了改变这一现状，各高校大力推进体育课程改革，积极探索新的教学模式，目前已经取得了一些阶段性的成果。"运动教育"模式就是体育教学改革中的一项有益创新，本节以羽毛球教学为例，就运动教育模式在高校羽毛球教学中的应用展开研究。

羽毛球运动是一项协作性很强的运动项目，能够有效培养学生的协调能力和快速反应能力，让学生在体育竞技中既锻炼了身体，又增进了彼此的友谊。"运动教育"模式是一种以比赛游戏教学为主要方式的新型教学模式，下面将该教学模式与羽毛球教学相融合展开探究，为羽毛球体育教学改革提供新思路。

一、运动教育模式的内涵

运动教育模式是一种以游戏教育为指导思想的新型教学模式，其以比赛、游戏为主线，主张让每位学生都参与课堂活动，不同运动水平的学生都能够获得运动体验，让学生在运动中感受运动文化和人文关怀，增强学生的运动信心，激发学生体育运动的热情。

"运动季""团队联盟"是运动教育模式的主要特征,"运动季"是指该教学模式的基本教学单元,一般一个运动季不少于 20 节课程;"团队联盟"是指在课程开始前,学生组队建立自己的团队联盟参与体育竞技。运动教育模式下,老师扮演着教练员的角色,主要负责向学生讲解运动知识和技能技巧,协调各团队制定比赛规则和竞赛策略,记录和公布竞赛成绩,为优秀团队颁奖等内容。在此过程中,学生成为课堂的主体,在进取心的驱使下,学生运动的积极性被有效激发,在竞技中感受着体育运动带来的快乐,提高了学生的运动能力和团队协作能力。

运动教育模式主要有 3 种教学方法:①直接指导法。在运动季开始前,学生的角色由老师直接分配,并向其讲解基本知识和技巧,让其在较短的时间内掌握运动项目的特点及注意事项。②合作学习法。老师和学生为了实现团队目标而制定和履行政策使用的方法,强调的是相互协作。③伙伴学习法。团队中高技术水平成员给予低技术水平成员帮助和指导,该方法有效促进团队人力资源的发挥,使团队成员的个人能力和团队整体技术水平得到提升。

二、传统教学模式与运动教学模式的比较

(一)传统教学模式的不足

在传统教学模式下,体育课程教学的重点是老师向学生讲授运动项目的基本知识和运动技巧。此外,传统教学模式下更多采取的是老师指导、学生单独训练的方式,学生缺乏独立思考的机会,创新能力得不到激发,同时也无法形成团队意识,团队协作能力得不到很好的锻炼和提高。在真正的体育竞赛场上,运动员的个人能力是一方面,团队合作也是必不可少的一部分。

(二)运动教学模式的优点

羽毛球运动是一项在国际上有着很强影响力的体育运动,在我国各高校中基本普及,每一位学生对该项运动多少有一定程度的了解,这为运动教学模式在高校羽毛球教学中的运用打下了良好的基础,同时羽毛球课程教学内容丰富与"运动季"教学单元也是相适应的。

三、运动教育模式在高校羽毛球教学中的应用

(一)组建团队联盟

在羽毛球教学开始前,老师需要向班级全体学生说明教学的目标及要求,让每位学生都清楚地知道比赛的具体安排及其注意事项,然后再进行分组。在组建团队联盟

时要注意分组的合理性，老师应当对全班学生的运动水平有一个全面的了解，有意识地将运动能力强与运动能力弱的学生交叉进行分组，让运动能力强的学生帮助带动能力弱的学生共同成长进步，以实现全班整体运动水平的提高。后期在教学实践过程中还应当根据学生运动水平的变化情况及时调整分组，确保分组的科学合理性。团队组建完成后可以让每个小组自行推选出团队内部的队长，帮助带领整个团队开展羽毛球日常练习和比赛竞技，还可以为自己的团队设置口号、队名等，进一步提高全员的团队意识，提升团队的凝聚力。

与传统体育教学模式相比，运动教育模式有着不少优势：一是角色扮演能够提高学生参与运动的积极性。羽毛球运动属于双人或多人的运动项目，在教学开始前老师为每位学生分配不同的角色，为他们安排不同的职责，让学生获得了一定的关注，从而有效调动他们参与体育运动的热情。二是团队合作能够提高学生的协作沟通能力。运动教育模式改变了让学生单独练习的传统学习模式，学生们在配合协作中学习掌握羽毛球的技术方法，增进了同学间的友谊，培养他们树立团队意识。三是营造良好的环境，让学生获得真实的竞技体验。比赛是运动教育模式的教学主线，在教学过程中学生亲身体验羽毛球竞技氛围，在实践过程中积累比赛经验，妥善处理临场时的紧张情绪，为以后真正步入羽毛球竞技场打下良好基础。四是全员参与，提高学生体育运动的参与度。运动教育模式下，班级所有的学生组队建立了自己的团队联盟，每位学生都是联盟中的重要一员，不论运动水平高低都可以为团队争得荣誉。同时，该教学模式让运动更加适合不同水平的学生，使班级所有学生在竞技、协作中互相学习，运动水平高的学生在帮助他人的过程中启迪思维、勇敢创新，水平低的学生能够从他人身上学习运动技巧，帮助他们建立运动自信，激发他们的学习热情。

老师应当根据教学大纲中的教学内容，并结合运动教育模式，科学划分教学单元，制订详细的体育运动教学方案。具体可划分成 4 个阶段：①练习期，由老师直接向学生讲授羽毛球运动的技术要领和练习方法，并为学生进行动作示范，让各小组开展自学，在互相帮助、共同学习中掌握羽毛球运动的基础知识。②季前赛期，学生以团队为单位进行合作训练，对特定的技术动作或动作要领进行针对性训练，以提高团队在该技术上的掌握能力。③正式比赛期，团队全体成员参与羽毛球比赛，学生根据自己在赛场上的不同角色对运动技能进行训练，在运用不同比赛策略过程中积累比赛经验。④季后赛期，此阶段学生已经掌握了羽毛球运动的多种技能，该阶段比赛的主要目的是提升学生的运动能力，增强学生的运动兴趣。

（二）教学评价

运动教育模式下的羽毛球教学需要经历一个很长的教学周期，教学质量的评定需要老师做好过程性和总结性评价。比赛成绩是评价学生技能掌握情况的标准，学生在课堂中的具体表现也是对其评价的重要方面。此外还有人文素质评价，出席情况、技术练习情况、全队协作情况等都应当纳入评价考核范围，帮助引导学生建立运动自信，树立团队意识，培养竞技精神。

（三）注意事项

老师在安排练习和比赛时间时要注意科学安排，避免过多的单项技术练习造成比赛任务无法完成；在进行分组时除了考虑学生能力外还要统筹考虑学生的主观意愿，以免适得其反；在比赛内容的安排上要以教学大纲为指导，确保教学任务在学生的能力范围内，与学生的技能水平相符；在教学过程中要注意加强与学生的沟通，对学生练习中的错误问题及时做出纠正和指导，防止在整个团队内造成不良影响。

第三节　高校羽毛球游戏教学模式

集娱乐和健身于一体的羽毛球运动深受广大高校学生的喜爱，羽毛球也成了高校选择的课程，要能让学生精准地掌握打羽毛球的技巧，教师在授课时选用的方法显得尤为重要，近年来社会追求的是"寓教于乐"的学习观念，在课堂上用"游戏"来指导学生打羽毛球无疑成为一种时尚的教学模式，教师将活跃课堂氛围的游戏灵活运用到教学内容中，将体育游戏融入课前的准备活动、课程内容传授以及课后学生自由活动，在增强课堂趣味性的同时也提高了学生打羽毛球的技能，在游戏中分析对手的打法和自身的优劣，进而培养团队合作和独立思考的能力，同时也能提高学生的身体机能和心理素质。

处在高校时期的学生身体健硕、精力充沛、思维活跃，但同时也存在容易冲动和焦躁的心理。传统的羽毛球课上老师关注的是学生技能的提高，机械重复、枯燥的训练方式让学生产生厌恶的情绪，没有学习的热情和动力，目前，体育教育改革采用的游戏教学模式受到广大高校师生的喜爱，这是高校教师根据这一时期学生的心理状态来设计的游戏教育模式。开发丰富多样、多元化发展的游戏类型，让学生强身健体的同时也能娱乐身心，调动学习的积极性；羽毛球运动考验的是球员的反应是否灵敏，身体协调是否一致，在羽毛球运动中的训练注重的是球员耐力的增强、反应速度的提升和身体力量的增强，同时也要兼顾对心理素质的训练。高校在教学过程中要加强对学生的身体素质的训练和心理健康的辅导，科学合理的游戏教学方式，这样才有助于学生体育素质的提高。

一、培养球感适应性的游戏教学模式

羽毛球场前的放球推、扑球，或是后场的挥拍吊球和扣杀都需要一定的手腕、手背、肩部、腰背肌群的力量，教师就要根据课时的不同和学生能力的高低进行有针对性的训练。面对刚接触羽毛球运动的学生，采用单人互相竞争的方式，在有限时间内进行比赛，让学生利用球拍进行正反颠球，通过这一简单有趣的练习方式，可以了解到羽毛球的运动特点和惯性；对已经熟悉的学生可以适当增加运动的强度，采用边跑步边颠球、原地深蹲颠球或者边走边颠球的方式，在运动中提高学生控制羽毛球的能力和掌握好羽毛球的飞行路线；已经熟练掌握和适应羽毛球打法的学生，可以利用手腕的力量，以正反两面的形式向上击高球，把球拍得越高越好，训练手腕力量的爆发性，然后在空中接球，从不同的角度感受球落下时速度的快慢，提高击球的准确性，还可以进一步提高掌控球的技能。个体的游戏方式挖掘到不同学生对不同环节的偏好，学生可以根据自身的兴趣进行取舍，发挥自身的优势，在比赛中体会到成就感，让学生主动参与其中，加深对羽毛球的热爱。此外，教师可以让学生双人一组，小组之间进行一人击球一人接球或者两人进行循环拍打的比赛，团队合作进行优势互补，增进同学之间的情感交流。

二、训练发球技术的游戏教学方式

引拍、击球、随手动作作为基本训练发球技术的方法，也是发球的动作要领，教师对这些发球的基本动作和要领进行详细讲解，让学生在游戏训练中准确掌握发球的要点，在游戏的竞争中学生技能得到实际的提高，而不是为了应对学习任务盲目训练。众所周知，发球需要的是强劲的手部力量，在这基础上进行训练的创新，采用单人打多球或者隔网进行双人多球的练习方法，从中提高挥拍击球的反应速度和增强手部力量，手部力量的运用对球员发球起着关键性作用，有效利用手腕的力量，就能在发球时做到快准狠，给对手造成威胁。以训练手部力量为主，教师可以采用双人相互牵拉的游戏方式进行教学，即两个人前后腿分开面对面地站立，互相顶住对方的同侧脚，相互交叉紧握对方的手，用手部力量相互牵拉，最先被牵拉脚离开地面的那方失败；或者两人以"推小车"的形式进行手部力量的训练，即两人组成一队，一人双手抬起对方的双脚和身体，一方双手俯卧在地面支撑，以自己最快的速度向前爬行，这样的游戏教学使学生双方在同一时间都能得到锻炼，达到事半功倍的效果。

三、以掷球追球的游戏方法训练击球技术

掌握羽毛球运动上的击球技术，需要球员具备灵敏的反应、快速的步伐以及良好的心理素质。在高校教学中要充分利用羽毛球轻盈、弹性强、飞行方向好的结构特点来选择游戏，采用团队合作的方式一人抛球另一人追球的游戏形式来训练学生的击球技能，为课堂增添乐趣的同时，也能提高学生的反应力，以及培养学生的团队合作意识。首先把学生分成人数对等的几个小组，排列成纵队，然后每组依次选择成员在队列前抛球，并要保证每组的内部成员轮流抛掷球。抛球者下令用力把球抛出去的时候，追球的队员就要以自身最快的速度跑去接球。或者教师可以把学生分成两人一组，一人抛球出去的同时做好接球的准备，依次交换进行抛接游戏，最后教师对跑得最快的一组给予奖励，对落后的小组进行惩罚，让学生在比赛中提高技能的同时意识到团队合作的重要性。

难易程度适当、简单而又不复杂的游戏教学模式有助于提高高校学生的身体和心理素质，以及竞技能力。而在不同时期高校的学生心理和身体状态不同，对于选择或者游戏内容的接受程度也不同，在羽毛球教学中教师采用的游戏方式就要因材施教，还要具备与时俱进的观念，多与学生接触，进行沟通交流，多聆听学生的心声和理解学生的想法。用游戏的方法来辅助基本的羽毛球训练，打破传统的体育教育中只注重技能、单一枯燥的教学方式，并明确游戏的内容，把握游戏的时机，充分发挥游戏的创造性作用，不断变换游戏的类型和规则，吸引更多的学生参与到羽毛球的运动中，在运动中获得思考和领悟。

第四节　羽毛球多元化教学模式

羽毛球是一项深受人们喜爱的体育运动项目，在学校体育运动中羽毛球是不可或缺的体育运动项目之一。羽毛球又是我国的传统体育运动项目，且在学校里深受学生们的喜爱并积极参与。随着全国开展"阳光体育运动"，越来越多的学生积极参加体育锻炼，而其中更多的人选择参加羽毛球。

目前，在羽毛球专家和一线的体育教师的共同努力和实践下，出现了一系列新颖的教学模式，如自主探索，"学教互助"能力型教学模式、信息化研究性合作学习教学模式、羽毛球俱乐部教学模式等。

一、多元化教学模式有助于提高学生的羽毛球成绩

在分析三种新型的教学模式之后，根据最近几年我国学校在羽毛球方面的教学成果来看，学生的羽毛球水平有了很大的提高。面对教学模式的多元化，学校在羽毛球教学中运用了多种教学方法，充分地发挥了每种教学模式的优势，让学生更能接受并真正地理解和掌握羽毛球知识技术。学生能有针对性地选择自己喜欢的运动项目，并愉快地去接受并学习，这大大提高了学生的羽毛球技术水平。

二、有助于提高学生对羽毛球基本知识和技术技能的理解

布鲁纳认为教学是学生参与获得知识的过程。教学的好坏直接影响学生对知识的掌握能力，学习是一个过程，而不是结果。在羽毛球教学中，运用"自主探索，学教互助"的教学模式，让学生有自我学习的空间，发挥学生的个人能力，调动学生学习的热情，加深对羽毛球知识的理解。

在教学过程中并非只是教师传授给学生教学知识，更多的是在教学过程中，教师针对所遇到的学习信息快速地反馈给学生们，并指导学生不断地修正自己的学习，提高学习效率，在教学中做到与学生教学互助。在教学过程中实行分组教学，对个别学生有针对性地教学指导，实现了个别化反馈，照顾了学生的个体差异，从而更好地完成了教学目标并提高了学习效果。

三、有利于学生端正学习态度，提高羽毛球教学质量

传统的教学模式中，教师和学生只是教与学的关系，忽视了教师与学生之间的交流与沟通，使得教学效果很差。而在多元化教学模式中，教师与学生之间的双向交流，加深了教师和学生之间的关系，并使之能更快地完成教学任务，学习氛围浓厚，学生学习态度有很大的转变，由最初的被动、心不在焉地学习到最后的主动学习探讨知识，这大大提高了体育教学资源。

在"自主探索，学教互助"能力型教学模式中，让学生自主学习，端正了学生学习的态度，让学生能发自内心地去学习羽毛球。

四、有利于增强学生团结协作的精神及群体凝聚力

传统的教学模式只是针对学生对知识的掌握，而没有考虑到学生间的集体团结协作的精神。在信息化研究性合作学习教学模式中，实现了学生间的集体合作精神。个人目标是集体目标的基础，个人的成功离不开他人的帮助。而羽毛球运动项目更要具

备团队精神。在合作过程中，因为有共同的目标，所以组内的成员们更加容易形成凝聚力，角色行为更加明确，离成功更近。

五、多元化教学模式充分利用信息教学资源

三种多元化教学模式结合了多种学练方法。在"自主探索，学教互助"能力型教学模式中运用了学生与老师之间在学习中相互交流学习，学生在课堂上可以自由发挥主观思想。在信息化研究性合作学习教学模式中，学生自主收集和分析信息，研究探讨问题与同学团结合作学习。在高校羽毛球俱乐部中，学生可以顺应自己的兴趣取向，教师遵守因材施教的原则。这些教学模式都改变了学生在学习中的地位，让学生与教师建立了双向的交流，给学生自我学习的空间，端正了学生学习羽毛球的态度，从而提高了羽毛球教学效果，增强了学生间的群体凝聚力。

多元化教学模式的组合可以实现模块化应用。多元化教学模式在羽毛球教学中取得了明显的教学效果。因此不同的学科、不同的教学单位都可以根据已有的教学资源和具体的教学目标，从目前的实际情况出发，灵活运用多元化教学模式，在此基础上勇于创新，建立更加完善的、顺应学生需求的教学模式。

六、多元化教学模式的设计运用为羽毛球教学改革提供了可鉴的经验

三种多元化教学模式的设计与运用，在我国高校的羽毛球教学实践中取得了显著的成效。运用这些教学模式，使得教学效果远远优于传统的单一化的教学模式。这些模式在教学中让学生更自由地选择自己喜欢的运动项目，学生可以自主学习，主动研究探索知识，让教师更好地完成教学目标。多元化教学模式的设计运用，使得羽毛球的教学快速达到效果。对羽毛球教学改革是一次有效的尝试，为它提供了可鉴的宝贵经验。

面对当今社会的飞速发展，学校体育的教学模式也在不断改革。在羽毛球教学中运用多元化教学模式，符合学校体育的发展规律以及高校素质教育的基本要求，更顺应了学生对羽毛球教学的需求。多元化教学模式使学校羽毛球教学效果大大提高。因此可以把多元化教学模式推广到其他的体育课程中。

第五节　高校羽毛球教育"三位一体"的改革模式

羽毛球运动已经成为众多球类运动中相对简单并且大众喜闻乐见的一种体育运动，深受老百姓的喜爱。羽毛球教育更成为高校运动专业中的一种重要的运动项目，对其教育进行创新改革成为高校教育的重要工作环节之一。本节旨在探讨羽毛球"三位一体"教改新模式，并且结合社会学意义进行探讨，希望对高校教育提供参考性意见。

羽毛球运动成为老百姓非常喜闻乐见的一项运动项目，很多人经常选择这种项目进行娱乐休闲。羽毛球运动不仅能够锻炼人的身体，使人维持在健康水平，还能够促进人多方面的协调发展，如心理、忍耐力、判断力等，由于这一项目入门简单，场地要求不是非常严格，运动时间要求比较随意自由，因此羽毛球受到越来越多人的关注。伴随国家越来越重视人的健康发展，在"终身体育""健康第一"体育思想的指导下，高校不断发展其教学改革，与运动相关的专业也在大幅度改变自己的校改教程，羽毛球逐渐成为很多学生所喜爱的一项课程。

一、高校羽毛球教育的现状

羽毛球课程以前只有少数高校开展，主要是由我国竞技体育布局、气候和场馆设施、人才培养等因素造成的，随着高校学生生源扩招以及专业设置越来越细化、完善，越来越多的高校现在已经开始重视羽毛球专业的教育。但是伴随着发展速度的提升，这项运动的问题也越来越凸显。根据现存的各种问题，羽毛球高校教育普遍存在的问题有：学习内容不能满足学生学习体育的要求；体育教育内容少且重复，资源浪费严重；场地器材设备等体育基础设施不完善等。学生在高校上课时间非常有限，尤其是羽毛球课程的训练时间也极其有限，本来课程时间比较短，再加上教师对课程内容把控能力差，学生身体素质差异等，就会出现教学效果不明显的状况。根据高校羽毛球教育目前存在的各种问题，现综述如下：

高校羽毛球教育现状存在师资力量不足的问题。专业运动员普遍把参加国际比赛当作自己的理想，而往往不愿意留在高校做专业教师。因此，教师资源的匮乏往往成为目前高校教育的劣势。一方面学校教师青黄不接，另一方面在职教师教育教法单一，都成为羽毛球专业教育的漏洞。

教学场地有限。大部分高校的基础设施配备并不完善，由于缺乏场地，学生没有专业的场地去开展羽毛球训练。学校户外场地不够专业，学生训练也只是接触运动项目技术的皮毛，这样对于学生而言是非常不利的。再加上学生本来在专业课程的投入时间非常多，这也会忽视在羽毛球课程中投入的精力，而怠惰了日常的训练。

二、改革：教学、运动和科研"三位一体"的羽毛球教育模式

在高校课程内容设置中，每个学科都要做到"三位一体"，而对于羽毛球课程本身建设而言，这种创新形式的"三位一体"模式更具有非常重要的借鉴意义和参考价值。体育教学、运动竞赛和体育科研是学校体育的三个组成部分。将三者有机结合，就形成了教学、训练、科研"三位一体"的教育模式。这种模式之下的羽毛球教育既遵循教学的重要性，又强调训练的实践应用性，还强调科研的必要性，这三种课程体系进行有组织的结合，成为指导羽毛球课程建设的最佳教学科研实践模式。

第一层次"教学"——全校大学生羽毛球选项课的课堂教学，这是"三位一体"教育模式"金字塔"的塔基部分。教学是高校"象牙塔"中最为基础的部分，学生的天职就是学习课程内容和科学文化，因此高校教师课程改革小组需要着重开发更加适合大学生羽毛球运动的科学课程内容，让学生在羽毛球基础运动知识方面的掌握驾轻就熟，扎扎实实地稳固学科基础，这样有利于后续实战锻炼的掌握。学生要通过课上教学掌握羽毛球拍子正确的使用方式，以及打球、拍球的正确运动轨迹和力量使用，熟悉得分规则和违规操作误区等，这是羽毛球课程最基本的理论部分。教师同样需要加大课程内容的组织建设，完成符合本学校学生实际的教学方法和手段，不断进行自身教学教法的革新，提升其教学效果和效率。

第二层次"运动"——大学生羽毛球俱乐部，这是在课堂教学的基础上成立的相对更高一个层次的架构，从而使羽毛球选项课的教学由课内延伸到课外。羽毛球课程从本质上来讲，要求学生最后掌握的就是如何打羽毛球，如何参与竞技，如何真正把这项技能深刻踏实地掌握在心，运用于身。把课本上的知识运用到现实生活的竞技之中，不断通过比赛训练自己的实训技能，促进身心健康，提升自己的锻炼能力。并且通过羽毛球俱乐部的训练，让学生能够在俱乐部的培训和锻炼中，培养自己小组合作的正确竞技精神，帮助提升学生智力水平，在比赛中增强自己的集体荣誉感和竞争意识，从而真正适应毕业之后的社会竞争与团队合作。这在人格成长上也能反馈给学生，发现学生的进步和发展。

第三层次"科研"——校羽毛球运动队，也是教学、训练和科研"三位一体"教育模式金字塔式组织架构的塔尖。运动队中的成员不仅仅是运动队伍中最有运动细胞的"干将"，因此需要具有一定科研能力，能够在宏观上看到羽毛球技能专业发展的未来，为整个羽毛球运动的发展提供自己的力量，无论是在国际性质的比赛，还是在国家相关的科学研究上，都能够有所贡献，有所斩获。并且真正意义上提升整个羽毛

球教育教学水平的理论基础。

"三位一体"教育模式课程体系中教学、训练和科研的关系层次分明，又结合紧密。教学是根本，是一切实践、运动技能训练、科研的萌芽和基础，通过教学可以非常有效地提升科研水平和运动技能训练技巧。运动培训是避免羽毛球项目"纸上谈兵"的最佳方式，让学生能够有大量实践机会参与到羽毛球运动中，才会反哺教学效果的实现以及科研水平的提升。科研的发展，是保证整个羽毛球专业课程在教学发展中树立其自身的"高度"和"宽度"，能够真正成为一项有据可循的科学教学项目，是保障教学内容不断深化、运动项目更加科学规范的最佳方式。总之，"三位一体"三个项目之间层层递进，互相反哺促进，突出了素质教育改革的"育人观"，切实丰富了学生的体育文化生活，提高了学生的综合素质。

三、羽毛球教育改革的社会学意义

从体育社会学角度讲，教育的目的不仅要形成个体社会化特性，更重要的是形成人的个性。羽毛球运动既强调参与运动的人能具备察言观色的能力，对于个人本身的瞬间反应能力也是极具考验的。这就要求参与互动的人在个性方面一定是成熟的、丰富的、完整的。在整个羽毛球运动的训练过程中，主体形成一定的行为方式和个性特征，以适应自身发展。要让学生在学习羽毛球运动的过程中，不断把建立自己个性特征放在整个训练活动的精髓之中，体验自我内省的变化，提升自己的综合素质和竞争实力。

个性大学生在俱乐部中能不断得到锻炼，通过羽毛球运动的延伸，直接与社会体育接轨。羽毛球的竞技性质更强调学生在比赛中的团队精神与小组互动竞争的性质，与人交往和沟通必然推动个体的组织协调能力、竞争能力与沟通能力。在社会中普遍存在一种人格，那就是"草莓型"人格，看起来整个人光鲜靓丽、非常美丽，但是草莓这种水果轻轻一拍就破了，经不起外界的压力摧残。因此很多大学生在面对压力的时候由于无法承受压力经常会出现问题。羽毛球项目正好能够促进学生抗压能力的培养，在小队之间竞争的时候，能够锻炼学生的良性竞争意识，不断提高自己的抗压能力和水平，从而建立更加完善健康的人格。

高校课程建设是事关学校生存和发展的重要问题。尤其是对羽毛球这种实践意义非常强的学科而言，课程改革"三位一体"的体系成为高校课程建设的非常良性的参照模板。高校教育工作者应该秉持传统的教育道德素养和先进的教育模式提升理念，去粗取精，保障整个课程体系改革遵从"三位一体"，同时又能发挥其社会学意义。

第六节 羽毛球课程项目化教学模式

目前我国很多高校在体育教育中都设置羽毛球课程，由于羽毛球易上手、操作灵活，因此学生在羽毛球课程中的参与度非常高，学生对羽毛球课程的喜爱和接受度都比较好，能够有效地锻炼和提升学生的身体素质。本节主要探讨项目化教学模式在羽毛球课程教学中的应用，分析羽毛球课程教学的发展现状，结合项目化教学模式的特点和对体育教学的促进作用，总结出有效的应用模式，从而提升羽毛球课程教学的效果，促进高校体育教学的发展。

随着教育改革的不断深入，各高校的教学模式都在不断地创新发展，形式多样的教学方法逐渐被运用到课程活动中。体育教学在实际开展过程中仍以传统的教学模式为主，不能有效满足当前教育改革发展的需求，教学效果不理想。项目化教学模式的实施和运用能够解决体育教学中存在的问题，能够提升学生的知识运用能力和实践能力，在体育课程教学中，教师要结合班级情况和授课内容，制订详细的教学方案保证教学活动的顺利开展和实施，从而达到良好的教学效果。项目化教学是一个系统的模式，教师在实行的过程中必须做好每一步操作，才能有效地促进体育教学的开展和进步。

一、羽毛球课程教学现状概述

当前很多非体育专业学校都设有羽毛球课程，但是由于与专业技能和学习成绩的联系不是很明显，因此大部分高校都缺乏对羽毛球课程教学的重视。学校对羽毛球课程教学的忽视导致很多学校存在教学资源分配不均的问题，另外在体育教学中基础设施也比较薄弱，都非常不利于体育教学课程的正常开展。学生在这样的教学氛围下积极性也比较低，不愿意耗费过多的时间和精力在体育课程中。因此目前很多高校都存在体育教学学生的参与度低、兴趣较弱以及态度懒散的情况，以羽毛球课程教学为代表的体育学习效率较低，无法达到体育教学的目标。另外由于学校对体育教学的重视度不高，很多学校体育教学的师资力量都相对薄弱。高校的羽毛球教师很多都并非专业的羽毛球运动员，缺乏正规的训练和培训，因此在实际的教学过程中学生也得不到有效的体育指导，专业体育师资队伍的缺乏导致体育课程教学的效果不理想，教学质量有待提高。

二、项目化教学模式的特点

项目化教学是一种新型的教学模式，能够满足当前教育改革发展的需求，符合目前高校体育教学的需求。项目化教学模式的应用能够有效地促进师生之间的感情，加强师生合作。项目化教学模式需要以学生为主，尊重学生的意愿，保证师生之间的平等相处，从而促进教师与学生合作交流的展开。在实际的教学过程中教师能够利用项目化教学增加和学生交流的机会，加强与学生的交流沟通，了解学生的需求和学习中存在的问题，及时给予引导和解决，推动教学活动的有效开展。其次项目化教学制定的共同教学目标能够有效地调动师生的积极性，推动教师和学生都能够全身心地投入到体育学习中去，对锻炼学生的身体素质有着积极的促进作用。学生也能够在全面投入的课程中了解更多的体育专业知识，以及相关的运用技能，从而达到良好的教学效果。另外项目化教学模式的实施能够提升学生的综合素质，学生积极参与体育学习不仅能够锻炼身体，而且促进了心理的健康发展。在体育运动中，学生能够感受到团队协作的力量和自身组织协调的能力，并且促进与他人合作沟通的能力，对学生的全面健康发展有着良好的促进作用。因此不仅锻炼了身体，对体育知识有所掌握，也提升了自身的综合素养。

三、项目化教学模式在羽毛球课程教学中的应用

（一）制定合理的教学目标

项目化教学模式在羽毛球课程教学中良好运用的第一步就是制定合理的教学目标，在教学目标的指引下开展合理的教学活动。教师要明确在项目化羽毛球课程的教学中要以培养学生正确的体育健康观念为主，推动学生积极地参与到羽毛球活动中去，在学习中感受体育运动的乐趣和魅力，促进学生养成良好的运动习惯和生活方式。羽毛球课程教学要让学生掌握基础的操作技巧、比赛规则，再通过持续的课程学习具备一定的专业技能，对与羽毛球相关的操作步法和战术都能有一定的了解。另外在合适的教学方式下使学生感受到羽毛球运动的乐趣，能够积极自主地参与到羽毛球学习中去，养成良好的运动精神和综合素养。

（二）构建科学的项目计划

教学目标的完成需要良好的教学计划的支持，因此在项目化羽毛球教学模式下要及时地制订科学合理的项目计划。项目计划要符合班级的实际情况，根据学生的需求和特点进行制订。首先教师要依据专业的羽毛球课程开展的进程进行框架构建，组织学生沟通讨论，然后制订出满足学生自身发展情况和学习特点的项目计划。完善的项

目计划要顾及各个方面，不仅要传授学生羽毛球相关的专业体育知识，还要符合学生的特点和需求，让学生真正地掌握和了解羽毛球运用的技巧和比赛规则，并且通过适时的比赛活动提升学生的羽毛球水平，提升羽毛球课程教学的效果。

（三）项目化教学模式的具体实施

项目化教学模式在羽毛球课程教学中的运用要注意多个方面，根据合理的教学目标和教学计划有序地开展。教师在教学的过程中要积极引导学生去完成项目计划，从基础的羽毛球运动知识开始，锻炼学生的羽毛球运动步法、接球以及发球的技巧，另外要适当开展体能训练保证学生在参加羽毛球运动的过程中能够具备良好的身体素质。项目化教学模式的实施需要教师的引导，首先要调动学生的积极性，参与到运动中来，可以通过相应的教学活动来促进教学的开展，然后教师可以组织适当的羽毛球比赛，根据学生的兴趣和需求将学生分为比赛人员和裁判人员，通过实际的运动和体验感受羽毛球运动的技巧和规则，学生也能够更好地掌握羽毛球相关的体育知识。

（四）加强教师对项目化教学的总结

学生对羽毛球专业知识的学习离不开教师的指导，同样在课程开展后教师也要及时给予学生良好的项目化教学总结。羽毛球学习是一个循序渐进的过程，学生在实际的运动学习中会出现各种问题，因此在一段项目化教学后教师要适当地进行总结，让学生加强对专业体育知识的理解和掌握。另外在总结中教师也要分析学生的具体学习情况，根据学生的学习态度和羽毛球运动水平给予一定的指导和鼓励，对不同基础和能力的学生要给予不同的指导，以促进全体学生羽毛球运动水平的提升。项目化教学模式强调教学的完整性，因此在教学活动开展后要进行适当的教学效果评价，通过评价来了解学生学习羽毛球课程的想法和感受，了解学生对羽毛球运动专业知识的掌握水平，从而分析总结项目化教学模式在羽毛球课程教学中的具体运用效果，进而不断完善羽毛球课程的教学。项目总结和教学效果评价都能够帮助教师了解学生的具体学习情况，找出教学薄弱的环节进行改善，推动羽毛球教学有效开展。

总而言之，羽毛球运动的受众非常广，学校要重视羽毛球等体育运动的作用，在实际的教学过程中采取合适的教学方式以推动羽毛球课程教学的进步与发展。项目化教学模式能够有效地提升学生的积极性和主动性，帮助教师设置合理的教学目标以及制订科学的项目计划，在这样的教学模式下学生的羽毛球专业技能能够得到有效提高。学生在不断的羽毛球运动中增强了团队协作意识和人际沟通能力，对体育健康有了科学的认识和理解，促进了学生良好体育运动习惯的养成，并且身体素质和心理素质都得到了良好的锻炼。

第五章 羽毛球技术、战术教学训练方法与运用

第一节 羽毛球基本技术的教学训练方法

一、羽毛球基本技术教学训练的指导思想

目前羽毛球运动正朝着"快速、全面、进攻、多拍"的方向发展。

"快速"是各种技术和战术应具备的基础，离开了快速就意味着失去了主动权，也就意味着失败的来临，以及发挥不出高水平。

"全面"是指在技术上能攻善守，攻守兼备，控制和反控制能力强，能根据对手情况运用各种战术；思想上斗志顽强，心理上情绪稳定。

"进攻"是指积极主动地运用具有较大"威胁性"的进攻技术，先发制人，力争主动。在进攻的前提下，要注意各种打法的灵活运用和结合。总之，进攻是得分的主要手段，没有良好的进攻技术，就不能达到高水平。

"多拍"是指在快速多变中准确掌握技术，击球落点准确，控制能力极强，很少主动失误。

（一）羽毛球技术训练的特点

羽毛球技术包括手法和步法。羽毛球技术的特点可归纳为以下四点：

1. 手法上的一致性

动作一致性要求在击球时身体姿势，即准备姿势、引拍动作和挥拍动作的前期都要尽可能做到相同或相似。要想成为高水平的羽毛球运动员，必须掌握手法的一致性。一致性技术要随机应变，才能对对手构成很大的威胁，使其在己方未击球之前不敢贸然行动与判断。一致性还经常造成对手判断失误而陷入被动的局面。

2. 手法上的灵活与突变性

羽毛球运动的手法是最关键的技术动作，手法的灵活性是手法突变性的前提，如

果手法不灵活、不协调就形成不了突变手法的可能性，所以能否灵活运用手指各关节的发力，提高手指发力的灵活性和协调性是很重要的。

3. 步法的全方位

羽毛球步法由垫步、并步、跨步和交叉步 4 种基本步法构成，这 4 种基本步法组成向前、后、左、右的全方位步法，只有这些基本步法组合合理和掌握协调，才有利于更快地到达击球的方位及争得主动权。

4. 步法的快速移动

羽毛球步法必须能解决快速启动、移动、调整和回动。缺乏这种综合能力，运动员在比赛中会处于被动地位，因此要在提高步法的移动速度上下功夫，以提高快速移动能力和调整能力，达到争取更多主动权的目的。

（二）羽毛球技术训练的要求

羽毛球对技术的要求是"快"字当头，基本技术全面、熟练，特长突出。对基本手法和步法及技术有以下要求：

1. 手法

手法要求全面、细腻、灵活，出手动作具有隐蔽性、一致性和突变性，而且落点凶狠刁钻，同时必须重视攻防转换过渡技术的训练，并注意发展特长手法。

2. 步法

启动、移动、调整、回动，前后场连贯步法要快速、合理、灵活和协调，并注意发展个人特点。

3. 技术

①快。手法上要求出手动作快、击球点高而前，步法上要求启动、移动、调整快。

②狠。进攻凶狠凌厉，点多，落点刁钻，抓住有利时机突击，连续进攻或一拍解决战斗。

③准。落点准，在快速多变中准确掌握技术，运用自如，掌握多拍控制能力。

④活。握拍活，站位活，步法活，战术变化机动灵活。

二、羽毛球基本技术教学训练的原则

基本技术教学训练法是把基础阶段学到的基本技术，按照战术训练的要求进行组合、综合的训练，既能学习一些高难度动作，也能较容易地从其他技术动作中迁移过来，所以这一阶段的教学任务，主要是对基本技术中的高难度动作进行练习和体会，使学生熟练直至完全掌握新技术。以下提出基本技术教学训练的原则。

（一）自觉性原则

在基本技术训练中，必须贯彻"自觉性"原则才能促使学生更快地掌握高难度技术。在教与学中，教师的教是外因，而学生自觉的学是内因，外因通过内因才能起作用。因此，作为一名优秀教师必须学会启发、激励学生积极主动、充满激情地自觉完成每一堂课、每一个练习，这样才能更快地提高基本技术，从而达到提高运动技术水平的目的。

（二）系统的不间断性原则

进行基本技术训练要按照"系统的不间断性"原则进行。所谓"系统的"，是指在进行基本技术训练时，不能只练进攻技术，而忽略防守技术，从各种手法基本技术训练到全面提高阶段训练，都应该贯彻不间断性原则。若缺少其中一项，就要抓紧补缺，使之系统化。

（三）循序渐进的原则

教学的内容、方法、手段都应体现由浅入深、由易到难、从简到繁、由基本技术训练到战术综合训练、由学习和掌握到熟练运用的原则，循序渐进。

为使训练全过程能系统、不间断地进行，还应将各级训练的组织形式连接起来。目前，羽毛球教学大纲规定了各个训练阶段的任务、内容、次数和时间，考核评定的内容、方法和指标，以及教学训练的基本要求，因此教师应该钻研大纲。贯彻执行大纲，就能使各级训练有机、系统、不间断地连接起来，从而取得更好的训练效果。

（四）周期性原则

在长期的训练过程中，训练的内容、方法、手段总是反复使用的，特别是行之有效的内容、方法、手段更要周而复始，反复使用。当学生在这种循环往复的训练中适应以后，专项成绩就得到了提高，从而又应在新的起点上提高训练要求。

三、基本技术的教学训练方法

（一）根据运动技术采用相应的教学训练方法

1.初步掌握运动技能阶段教学训练的主要方法

这一阶段教学训练的主要任务是建立运动技能的正确概念和初步形成运动技能。

为建立正确的概念，主要采用讲解法和示范法。在高校普通学生中，由于学习的大多都是基本技术，所以可采用录像等直观手段，讲解示范与观看录像相结合，边讲边示范或边看边讲，使学生明确动作的技术结构和要领，即充分利用视觉、听觉形成动作表象，建立正确、完整的技术概念。

为初步形成运动技能，主要采用分解法、完整法和重复训练法。

2. 完善运动技能阶段教学训练的主要方法

这一阶段的教学任务主要是在运动技能初步形成的基础上加以改进、提高和巩固，训练方法主要是采用完整法和重复训练法。通过训练，充分利用肌肉的本体感觉，深入体会动作的要领和完成方法，保证做动作的肌群协调合理地用力，从而达到更好的效果。

采用变换训练法在于提高动作运用中的应变能力，使运动员能够在不利的条件和突发性变化的情况下，随机应变地运用运动技能。采用比赛法在于提高运动技能在比赛中的实用性、应变性，形成可变技巧。

（二）手法的教学训练方法

1. 注意准备动作的快速性

准备动作主要是指引拍至挥拍前的准备姿势。引拍动作要正确、合理，要缩短准备时间，在最短时间内做好准备并挥拍发力。准备姿势要到位，使挥拍有较长的准备距离，以利于增加加速距离，从而提高击球的发力速度，这对需用最大力击高远球、杀球及被动击高球尤其重要。

2. 注意全身动作协调性

只有使腿部、腰部、前臂、手腕、手指等的动作充分协调，才能在挥拍击球时发挥出最大的力量，而且节约能量。如果不会利用全身的协调用力，光靠上臂、前臂、手腕、手指，那么就不可能产生最大的爆发力。

3. 注意击球点选择的准确性

打高球、平高球、吊球、杀球时选择的击球点是否合适，与击球质量的好坏有密切关系。高远球和吊球击球点选择在头顶上方，杀球则在高球击球点稍前的地方。

4. 提高掌握动作一致性和突变性的能力

这是进入全面提高阶段的必修课，在这个阶段训练中，教师应根据学生掌握基本手法的特点和打法、身体素质及心理特点，在动作的一致性、突变性等方面下功夫，帮助学生掌握几种一致性、突变性强的基本手法，可成为"绝招"技术。对此，采用多球训练法和"二一式"训练法能收到良好的训练效果。

（三）步法的教学训练方法

要在球落地之前把球回击过网，这关系到步法的好坏，涉及能否主动击球或击到球的关键。

为了使步法达到启动、移动、调整及攻防转换好前、后、左、右场连贯快速移动合理的目标，除了在羽毛球基本技术训练中强调快速、合理步法的指导外，还创造了专项综合步法训练，把步法分解成几种类型。在球场上可分解成上网步法、后退步法、两侧步法，最后组合成全场步法训练。训练方法及手段可以根据打法特点及个人优缺点来设计。总之，要达到上述目的，应在训练中注意以下五点：

1. 注意站位姿势的合理性

站位姿势同良好的步法有很大关系，在不同情况下有不同的站位姿势。例如，接发球时以左脚在前、右脚在后为宜（右手握拍），这样的站法有利于前后移动。除接发球外，一般情况下站姿多用右脚稍前、左脚稍后的站法，这样便于前后及左右移动。

2. 注意回中心的灵活性

击球后回到中心的位置不是一成不变的，也不是在场地的中心，而应根据回击球后的方位及主、被动情况决定回动位置。

3. 注意步法启动及跑动的节奏性

步法与步法之间，即启动至击球位置后回到再启动之间节奏的掌握，是全面提高步法训练水平的关键。那种打完球后急急忙忙、不分析情况就跑至中心位置，等待下次启动的步法，是既费力又影响移动速度的不明智做法。

步法中启动、跑动、回动及再启动节奏的快慢，应该是当对方击球瞬间，即己方跑动至中心位置停顿的瞬间，根据对方击球的时机来决定。

4. 特别注意和重视回动的技巧

在步法教学中，不可以偏重于启动的训练与改进，而忽视回动，实际上回动也是组成快速移动步法的关键环节。

5. 注意研究步法的调整技巧

羽毛球步法归纳起来有4种基本步法，即垫步、并步、跨步、交叉步，要根据每个人的步法特点及所处情况进行具体调整才能达到步法的连贯性。这点对接被动球后的启动更具有实际作用。

四、羽毛球基本技术教学训练手段

（一）练习方法的种类

1. 发力练习

以掌握羽毛球技术动作中的基本发力为主要目的，根据羽毛球基本动作中手腕、小臂和手指的配合为基础的训练方法和手段。

2. 单一基本技术的练习

以掌握羽毛球基本技术中的单个技术，如高球、发球、杀球、网前技术等为主要目的的训练手段。

3.复合基本技术的练习

以掌握羽毛球基本技术的运用能力，如在移动中掌握技术的能力及在对抗中掌握技术的能力。主要目的也是掌握单个技术，只是更加实战，而且复合技术中还要强调训练重点。

（二）练习手段

1.颠球练习（正、反手）

在正确握拍的基础上，练习正、反手的发力技巧。

（1）正手颠球。正手握拍，手腕在腰部附近，自然伸前，肘关节微屈，手心向上，一手持球，握拍的小臂与球拍有自然的角度，但一定小于180度。练习时，拍面自然下垂，手腕和小臂放松，手腕保持在腰附近，当拍头下垂到最低处时向上弹起（加快挥拍的速度），当击到球时速度应达到最快，击球点应该与手腕齐平，向上的过程中手腕和小臂应有些上抬的动作帮助发力，击到球后放松手腕并继续惯性挥拍，结束时回到起点完成一个动作。

（2）反手颠球。反手握拍，与正手颠球不同的是击球点应在眼睛附近，手心朝外，大拇指应在拍柄的下部，握拍的手离身体30～50cm，拍子平行于身体。发力过程与正、反手颠球相似。

方法一：正手颠球3分钟，换反手颠球3分钟，每种颠球方式各3次。

方法二：正反手颠球各1次（此种练习主要是练习正、反手握拍的转换），3分钟一组，休息1分钟，再练习3组。

2.鞭打动作的练习

毛巾鞭打练习：准备一条普通的洗脸毛巾，应加点水使之处于潮湿状态，握住毛巾的一角，抬起手腕至身高齐平的高度突然向下抖动，使毛巾末梢发出"啪"的声音，声音越脆越响越好。还有一种练习方法是一手握住毛巾的一角，放在身体的前方距身体30～40cm处，另一手握住毛巾的另一端在身体的腰后，使毛巾处于与地面平行状况，练习时，先往后拖毛巾10～20cm，再突然向正前方加速抖动手腕，使毛巾末梢发出"啪"的声音，越脆越好。

方法一：从上往下发力练习10次，做3～5组，每组休息1～2分钟。

方法二：从后向前发力练习10次，做3～5组，每组休息1～2分钟。

方法三：改用拍子，动作与抖毛巾一样，每个动作10次，做3组，中间休息1～2分钟。

3.分解动作的练习

此种练习适用于所有单一基本技术动作。主要方法是把一个完整技术动作分解成若干子动作，按发力的顺序完成整个技术动作，各个子动作之间停顿以强化整体动作的概念。随着动作完成得越来越熟练，可以减少分解动作之间停顿的时间，直至完全掌握此技术动作。如后场的高球技术动作可以分解成 5 个部分：一是准备动作，即侧身站位，拍子举在胸前。二是举拍至齐肩部，拍子垂直，两手同时举起。三是转身向前至面向对方，同时肘部向前向上移动，拍子放下。四是举拍从下向上挥拍至高球击球点，拍面摆正。五是放下拍子至身体左侧完成一个高球动作。练习中注意每个分解动作之间要停顿，直到确认动作没有错误再继续做下一个分解动作。

方法：先分解动作各个部分，口中念一、二、三、四、五，如高球动作，10 分钟一组，休息 2 分钟再练，一堂训练课以 5 ~ 8 组为宜。

4. 掷球的练习

此练习主要解决高球技术及鞭打动作的整体运用能力。准备若干个羽毛球，用大拇指和中指夹住球托的两侧，食指轻轻顶住一根羽毛的头部，根据分解动作，接高球技术动作的要求，从头到尾完成，最后出手时抖动手腕把羽毛球掷到最远，注意球出手时飞行的角度。

方法：此项练习可以一人练习，也可以两人一组练习。如一人练习准备若干个羽毛球，10 个一组掷球练习，每堂训练课以 5 ~ 8 组为宜；如两人一组练习，可以将两人隔网或相距 5 米左右，同时向对方掷球练习，10 个一组，5 ~ 8 组为宜。

5. 互助练习

此种练习适用于所有技术练习。如网前放网技术练习，一人掷球，一人练习，10 ~ 20 个球一组后互换。如高球技术可以半场对打。

6. 多球练习

此种练习方法适用于所有技术动作。需要两人练习，一人掷球或发球，另一人练习技术动作。个数和组数可以根据实际情况来调整，可以定点、多点练习。好处是短时间内可以强化某种技术动作，能够很快提高技术动作的熟练性及可以控制练习的强度、密度。多球、高球技术练习，以 10 ~ 20 个一组、5 ~ 8 组为宜；多球网前技术练习，以 10 ~ 20 个一组，5 ~ 8 组为宜。

7. "二一式"练习

此种练习方法是 3 个人的技术练习。一人练习，另外两人站在某两个点或前后、左右半区来陪练。此种练习一般是为了提高练习者某一种技术动作路线的变化和两种或以上技术动作的交替练习。"二一式"练习可以在短时间内提高练习者熟练运用线路的能力及两种或两种以上技术的灵活运用。

例如，"二一式"高球，5 分钟一组，然后换一人练习。一人跑全场，另外两人各站一点（后场）。

8. 定点练习

定点练习就是指定练习者打某一个点或两个点，如高球打对角、吊球头顶吊直线等，也可以"二一式"定点。具体根据训练要求来定。

9. 实战训练法

就是实战训练模拟比赛过程中可能出现的各种情况来制定训练内容，提高抗风险能力。具体有以下三种训练法：

①基本技术计分训练法。只要有计分，运动员在基本技术训练中就不会随便失误，提高了技术训练的实战性。

②让分训练法。模拟落后或领先情况下保持心理稳定的能力。

③关键球处理训练法。一局比赛或决胜局比赛最后几分的战术训练，分数从18：18、20：20开始计分，锻炼决胜分的处理能力。此外，还有主动失误加倍计分训练法等。

10. 专项步法练习方法

①交叉步练习。交叉步10米往返跑，来回时不能转身，有大交叉步和快速交叉步两种。每一种交叉步10米×10个来回一组，各5组。

②并步练习。分单向并步和两侧并步两种。单向并步中还可以分连续并步和并2～3步后起跳再并步练习。两侧并步练习分前进两侧并步（2步）和后退两侧并步练习（2步），每个动作10米×10个来回后换另一个动作。

③后退步练习。可分为正面后退和侧身后退步练习。每个动作练习10米×10组。

④综合专项步法练习。为了提高场上移动能力、协调性及腿部专项力量，把羽毛球步法分解成各种专项步法来强化训练。动作分为左右交叉步、前后交叉步、高抬腿、密步、弓尖步（前后）、左右弓尖步、下蹲四方跳、两脚并拢前后跳、收腹跳（双脚）、转髋（左右）等。一般是10～20分钟一组，每个动作保持20～30秒，5分钟后放松原地跳（单脚)1分钟。

总之，手上基本功的练习主要是熟悉球性和用力顺序的练习，人与拍和球的结合是球感的意识练习，综合技术练习是提高技巧与技能的能力练习。同时，步法练习有一定的移动规律，掌握了这个规律，在场上就能轻松自如。但来球的落点是千变万化的，步法还要做到随机应变、灵活调整。这种调整并不破坏步法的规律性，反而使步法更灵活。

第二节 羽毛球基本战术的教学训练方法

一、羽毛球基本战术

（一）羽毛球战术的含义

羽毛球战术是指运动员在比赛中为了表现出高超的竞技水平和战胜对手，而采取的计谋和行动。在羽毛球比赛中，双方都想要控制对手，力争主动，以己之长，克彼之短，抑彼之长，避己之短，控制与反控制的竞争是十分激烈的。能够根据不同对手的特点，采取相应变化的技术手段而战胜他们，这便是战术的意义。

（二）羽毛球战术要求

在羽毛球运动中，运用战术是为了达到以下目的：

1. 调动对方位置

对方一般站在场地中心位置，全面照顾各个角落，以便回击各种来球。如果把他调离中心位置，他的场区就会出现空当，这空当就成了己方进攻的目标。

2. 使对方击出中后场高球

以平高球、劈杀、劈吊或网前搓球等技术造成对方还击的困难，迫使对方击来的高球不能到达自己场区的底线，这样来增加自己大力扣杀和网前扑杀的威力，给予对方致命的一击。

3. 对方重心失去控制

利用重复球或假动作打乱对方的步法，使对方重心失去控制，来不及还击或延误击球时间而回球质量差，造成被动。

4. 消耗对方体力

控制球的落点，最大限度地利用整个场地，把球击到场地的 4 个角上或离对手最远的地方，使对方在每一次回球时尽量消耗体力。在争夺一球的得失时，也应以多拍调动对方，让对方多跑动、多做无效的杀球，当其体力不支时，再进攻得分。

（三）羽毛球战术指导思想

"以我为主""以快为主""以攻为主"是我国羽毛球战术的指导思想。

1. 以我为主

"以我为主"是指不要脱离自己的技术、身体条件、身体素质、心理素质和打法特点等去选择战术。

2. 以快为主

"以快为主"是指在战术的变化和转换上，要体现"快"的特点。在发现对方技、战术的优、缺点后，改变战术要快、要及时；由攻转守、由守转攻或由过渡转为进攻，由进攻转为过渡的速度要快，要抓住有利时机迅速转换。

3. 以攻为主

"以攻为主"是指在制定战术时，要强调进攻的主导思想，在防守时也要强调积极防守。

（四）单打战术

1. 羽毛球单打战术的原则

①单打战术必须坚持"以我为主""以快为主""以攻为主"的指导思想。②单打战术必须有的放矢，才能在战术运用上取得良好的效果，因此在比赛前必须通过各种方法、手段获取更多的信息，只有做到"知己知彼"，才能"百战百胜"。③单打战术必须随机应变，只有机动灵活地运用各种打法和战术，才能掌握更多的主动权。④单打战术必须善于察言观色从而及时发现对方的战术意图，以便采取果断的应变对策，给予对方出其不意的攻击。⑤单打战术必须发扬敢打敢拼的战斗作风，才能使战术发挥更大的威力和效果。

2. 羽毛球单打的进攻战术

（1）发球抢攻战术。发球不受对方干扰，发球者可以根据规则，以任何方式将球发到对方接球区的任意一点。善于利用多变的发球术，能先发制人，取得主动球权，以发平快球和网前球配合，争取创造第三拍的主动进攻机会，组成发球抢攻战术。

（2）攻后场战术。采用重复打高远球或平高球的技术，压对方后场两角，迫使对方处于被动状态，一旦其回球质量不高，便伺机杀、吊对方的空当。

（3）逼反手战术。一般来说，后场反手击球的进攻性不强，球路也比较简单。对于后场反手较差的对手要毫不放松地加以攻击。先拉开对方位置，使对方反手区露出空当。然后把球打到反手区，迫使对方使用反拍击球。例如，先吊对方正手网前，对方挑高球，己方便以平高球攻击对方反手区，在重复攻击对方反手区迫使其远离中心位置时，突然吊对角网前。

（4）打四点球突击战术。以快速的平高球、吊球准确地打到对方场区的 4 个角落，迫使对方前后左右奔跑，当对方来不及回中心位置或失去重心时，抓住空当和弱点进行突击。

（5）吊、杀上网战术。先在后场以轻杀配合吊球把球下压，落点要选择在场地两边，使对方被动回球。若对方还击网前球，便迅速上网搓球或勾对角快速平推球；若对方在网前挑高球，可在其后退途中把球直接杀到他身上。

（6）先守后攻战术。先守后攻战术可用来对付那种盲目进攻而体力又差的对手。比赛开始，先以高球诱使对方进攻，在对方光顾进攻疏于防守时，即可突击进攻；或者在对方体力下降，速度减慢时再发动进攻。这是以逸待劳、后发制人的战术。

3. 进攻战术的应变

（1）发球抢攻战术的应变。发球抢攻是比赛的重要得分手段，发球可根据对方的站位、回击球的习惯球路、反击能力、打法特点、精神和心理状态等情况，运用不同的发球方法，以取得前几拍的主动权。通过这一战术的运用，打乱对方的整个战略部署，造成对方措手不及。特别是在关键时刻，运用发球抢攻战术能达到不同的效果：在相持时可以用它来打开僵持的局面，力争主动；在领先时可以用它来乘胜追击，一鼓作气战胜对手；在落后时可以用它来做最后的拼搏，力挽狂澜，反败为胜。

（2）发前场区抢攻战术。发前场区球的目的主要是限制对方马上进行攻击。另外是通过准确、有意识地判断对方的回击球路，组织和发动快速强有力的抢攻，达到直接得分或获得第二次攻击机会。

（3）发平高球抢攻战术。发平高球抢攻战术与发前场区抢攻战术的不同点在于发前场区抢攻可直接抓住战机进行抢攻，而发平高球抢攻却要通过守中反攻的手段才能获得抢攻的机会。

发平高球的目的包括：①配合发前场区球抢攻。②让对手进行盲目进攻或在己方判断的范围之中进攻，使己方能从防守快速转入进攻。③造成对方由于失去控制而直接失误。

（4）发平射球。发平射球主要是发3号区平射球。发平射球战术的目的是：①偷袭，如对方反应慢，或站位偏边线。②逼对方进行平抽快打的打法。③把对方逼至后场区而造成网前区的空当。

（5）接发球抢攻战术的应变。接发球抢攻战术是接发球战术中最易得分、最有威胁的一种战术。但是，前提是对方发球的质量欠佳，如发高球时落点不到位；发前场区球过网时过高；发平射球时速度不快、角度不佳；发平高球时节奏、落点、弧度不佳等都会给接发球抢攻造成机会。离开这一前提条件而盲目地进行抢攻，效果就差，成功率就低。除此以外，还要有积极、大胆的抢攻意识，要获得抢攻战术的成功（得分）。还得根据自己的技术特点和身体条件，同时结合对方的技术特点、身体条件和心理素质。例如，当对方从右场区发一平高球落点欠佳，已造成己方发动抢攻的极好时机，就要运用自己最擅长的技术，抓住对方的弱点，果断地抢攻。

抢攻战术的完成大都要由两三拍抢攻球路的组织才能奏效，所以一旦发动抢攻就要加快速度，扩大控制面，抓住对方的弱点或习惯路线一攻到底，一气呵成地完成抢攻战术。

4.单个技术的进攻战术应变

（1）重复平高球进攻战术。重复平高球进攻战术的特点是以重复平高球进攻对方的同一个后场区，甚至可连续重复数拍，以求达到置对方于死地或逼对方击出一半场高球，以利于己方进行最后一击。这种战术对回动上网快、控制底线球能力差以及侧身步法差的对手很有效果。

（2）拉开两边平高球进攻战术

拉开两边平高球进攻是使用平高球或挑球连续攻击对方两边后底线，以求获得主动权，或者迫使对方转为被动，以利于己方最后一击的战术。采用这种战术，要求击球方控制高球的出手速度、击球的准确性和动作的一致性等都比较好。这种战术对回动上网快、两底线攻击能力较弱的对手很有效果。

（3）重复吊球战术。重复进行吊两边或吊一边，以求获得主动进攻权。这种战术对于己方吊球技术较好，并能掌握假动作吊球者，对付对方上网步法差或对方找底线球不到位，而急于后退去防守己方的杀球者最为有效。

（4）慢吊（软吊）结合快吊（劈吊）战术。所谓慢吊（软吊），是指球从后场吊球至网前的速度较慢且弧度较大，落点离网较近，采用这种技术结合吊高球是为了达到拉开对方站位的目的，有时也可得分。所谓快吊（劈吊），是指球从后场吊球至网前的速度较快，出球基本成一直线，落点离网较远。这是当对方站位被拉开，而身体重心失去控制的一瞬间所采用的一种战术。

（5）重复杀球进攻战术。当遇到防守时经常习惯反拉后场球的对手时，就可采用重复杀球的进攻战术。采用这种战术首先要了解对手的这一情况，然后先运用轻杀或短杀。此时，运动员不能急于上网，而要调整好自己的位置，以利于采用重复杀的战术。

（6）长杀结合短杀（点杀、劈杀）的进攻战术。概括地说，长杀结合短杀（点杀、劈杀）战术就是"直线长杀，对角短杀"。它比起直线短杀结合对角长杀效果会更好，因为直线长杀结合对角短杀造成对方接杀时，需要移动的距离比较远，会增加防守的难度。

（7）重杀与轻杀的进攻战术。前场重杀、后场轻杀是这一战术的概括。当己方通过拉吊创造出半场球的机会时，应该采用重杀战术；反之，球在后场己方还想采用杀球时，一般多用轻杀。因为半场球用重杀，哪怕是失去身体重心，也不至于造成控制不了网前的局面；但是，如果在后场采用重杀，万一失去身体重心，上网慢了就控制不住网前，而轻杀可使自己保持较好的身体重心位置，以利于下一步控制网前。

（8）重复搓球进攻战术。当碰到上网搓球之后习惯很快退后的对手时，运动员就可采用重复搓球的战术，达到获得主动的机会从而破坏对方后退进攻的意图。

（9）重复推球进攻战术。当碰到从后场拦网前球之后迅速回动至中心的对手时，运动员就可采用重复推球的战术，特别是反手网前推直线球威胁更大。

（10）两边勾球进攻战术。当己方从网前勾对角网前球，对方回搓一直线网前并退后想进攻时，运动员可以再勾一对角线球。运用这一战术来对付转体差的对手时更有效果。

（五）双打战术

1. 羽毛球双打战术的原则

①必须坚持"以我为主""以快为主""以攻为主"的指导思想。

②由于是两人在场上的默契行动，因此互相间的战术配合至关重要，双打战术的默契配合犹如"两人三条腿走路"。

③赛前必须通过各种途径获取对手各种信息，只有做到"知己知彼"，才能"百战不殆"。

④为了使战术发挥正常，两人在技术上要互相信任和勉励。

⑤必须善于察言观色，及时发现对方的战术意图，并随机应变采用相应的战术，达到战胜对手的目的。

⑥必须发扬敢打敢拼的战斗作风，才能使运用的战术取得应有的效果。

2. 双打战术的运用

（1）"二打一"战术。"二打一"战术是一种经常运用的行之有效的战术。当发现对方有一个人的防守能力或心理素质较差，失误率比较高或防守时球路单调，就可采用这种战术，把球进攻到这个较弱者的一边。这种战术可集中优势兵力以多打少、以优势打劣势，得到主动球权或得分；有利于打乱对方防守站位，另一个不被攻的人，由于没有球可打，慢慢地站位会偏向同伴，形成站位上的空当，有利于己方突击另一线获得成功；有利于造成对方思想上的矛盾而互相埋怨，影响其士气。

（2）攻中路战术。不论对方把球打到什么地方，己方攻球的落点都应集中在对方两人之间的结合部，并靠近防守能力较差者一侧，或者在中线上。攻中路战术可以造成对方抢球或漏球，可以限制对方挑出大角度的球路，有利于己方网前的封网。

（3）攻直线战术。攻直线战术是指杀球路线和落点均为直线，没有固定的目标和对象，只依靠杀球的力量和落点来取得得分效果。当对方的来球靠边线时，攻球的落点在边线上；当对方的来球在中间区时，就朝中路进攻。这个战术在使用上较易上手和贯彻；杀近线球虽然难度高一些，但效果不错，便于网前同伴的封网。

（4）攻后场战术。遇到对方后场扣杀能力差的对手，可采用平高球、推平球、接杀挑高球等，迫使对方一人在底线两角移动，一旦其还击被动，便大力扑杀。如另一对手后退支援，即可攻网前空当。

（5）后攻前封战术。后攻前封战术是指当己方取得主动攻势时，后场队员逢高必杀，前场队员积极移动封网扑打。

（6）守中反攻战术。守中反攻战术是指防守时，对方攻直线球，己方挑对角平高球；对方攻对角球，本方挑直线平高球，以达到调动对方移动的目的，然后可采用挡或勾在网前逼近对方。这在对付网前扑、推，左右转体不灵的对手时，可以很快获得由守转攻的主动权。

（六）混合双打战术

1. 羽毛球混合双打战术的原则

由于混合双打是由男女队员组成的配对，必然存在一强一弱的情况，所以在战术运用上，除了采用双打战术的原则外，还要从强调如何攻击对方女队员这一薄弱环节出发，制定混双战术。

2. 羽毛球混合双打进攻战术的应变

（1）发球战术的应变。混双发球是一项战术意识很强的技术，发球质量的好坏，是直接影响主动与被动、得分与失误的环节。主要是因为混双是由男女队员组成的，在发球问题上和男双与女双有着共同点，但也存在很大差别。当女队员发球给对方女队员接时，就比女双容易，因后场有一男队员在接第三拍。但是，当对方是男队员接发球时，就比女双困难多了，加上男队员上网接发能力和第四拍封网能力都比女队员强，所以就给发球的女队员增加了发球难度；反之，当男队员发球时，由于他不能像男双一样，发球后立即上网封网，而是要兼顾控制后场，因此站位要比较靠后，发球过网的飞行时间较长，有利于对方接发球者及时回击来球。总之，男队员的发球，比男双要困难得多，如没有专门训练发球，一般是很难过关的。

在发球战术中，混双可以使用双打的发球战术，如"以自我为中心"的发球战术、"发球时间的变化战术""发球路线的配合战术"；如软硬结合、长短结合、直线对角结合。

（2）接发球战术的应变

①混双接发球战术与双打接发球战术一样，既要根据对方发球质量及其优点来处理，又要坚持"以我为主"的接发球战术。

②混双接发球战术在球路上不同于双打接发球战术，在于球路上不论男、女队员接球，大都以拨对角半场、直线半场、勾对角前场以及放网为主，推、扑后场球只有在对方发球质量很差时才使用。拨半场球及勾放前场球的目的是抓住对方女队员这一相对较弱的目标而制定的战术。以上是处理从右场区发1、2号区球的球路。如果对方发3、4号区时，当女队员发球后分边防守，己方应集中攻击女队员防守区，如果男队员发球且女队员只防守一角时，应吊对方右前场，杀对方的二边线球。因对方基本上分前后站位，对边线防守难度加大；反之，如对方是从左场区发球，则换一边攻击区。

接发球后男队员应保持在后场，女队员则在前场。因此，男队员接发球后必须迅速退到后场控制底线区，这就是男队员接发球不能太凶的缘故。当然，也有的男队员接发球后就到网前封网，但为数不多，只有当对方发球质量差，前三拍无法挑到己方后场的情况下，才可以到网前封网。

（3）攻中路战术。比赛中有这样的情况，对方男队员在进行两边中场控制时，能力很强，威胁很大，他对直线结合对角处理得很好，使己方防守的区域扩大，特别是女队员不易封住对方回击的平球。此时，改用攻中路战术，会使对方的优点就无法发挥。由于对方在处理二边线球时的手腕控制能力较强，如打中路，对方这一优点无法发挥，若对方还是用以前的角度击球，就有可能造成对角太大而出界；另外，如果球在中路，对方易回击直线，己方女队员也易封网。总之，进行这一战术的作用一是让对方优点无从发挥，二是使己方男队员的防守范围缩小。

（4）杀大对角男队员边线的战术。当己方获得主动进攻机会时，在一般情况下，均是采用攻对方女队员的战术。此时，男队员应尽量站在靠近女队员的一边，特别是在与女队员成直线进攻时，一般男队员应靠女队员一边，造成男队员另一侧空当的局面。在这种情况下，就可使用杀大对角男队员边线的战术。当然，使用此种战术条件是女队员和进攻者成对角的一区，否则就不宜实行此种战术。

（5）杀吊结合战术。在对方男队员要防守三个区域，对方女队员只防守一个区域的情况下，男队员在网前可以考虑进行杀吊结合战术，打乱对方的防守阵形。例如，对方女队员挑出不太靠后的球，她必然迅速后退，在这种情况下，采用杀吊结合战术是很有实用价值的。

（6）短杀结合长杀、重杀结合轻杀的战术。这些都是在主动进攻中应该熟练掌握的技巧和战术。一味地重杀一个角度，当对方适应了也就没效果了；一味使用长杀也容易被对方采用半蹲防守予以化解。所以在进攻中除了要结合高吊之外，还得注意角度的变化，即落点长短之变化；击球力量的变化即轻杀和重杀的结合。

（7）狠抓思想配合上的弱点而制定的战术。思想配合上的弱点表现在互相埋怨、互相不服、互不理睬，各打各的球，对胜负无所谓等，己方要注意发现对方在这方面的弱点，从而加以利用。从这点出发所制定的战术，往往是最有效、最高明的战术。问题的关键在于能否发现并制定一套行之有效的战术。

3. 羽毛球混合双打防守战术的应变

混合双打的防守必须坚持"积极防守""守中反攻"。如果防守不积极而陷入"消极防守"之中，那必然很容易被对方抓住己方女队员这一防守的薄弱环节而被攻破。因此，在处于被动防守时，一定要有很强的"积极防守""守中反攻"的意识，才能尽快摆脱被动局面而转入反攻。

混合双打处于被动时，大部分是由对方男队员从后场进行进攻，只有在个别情况下，由女队员在后场进攻。因此，如何在对方男队员进攻情况下守中反攻的防守战术，很有必要。只有对对方封网规律及进攻中所存在的漏洞有充分了解，才能进行有效的守中反攻的战术。

（1）挑二底线平高球战术。此种战术即对方杀直线，己方挑平高对角；对方杀对角，己方挑平高直线，以达到调动对方左右移动之目的。若对方移动慢就无法保持进攻，或盲目进攻也有利于本方反攻。

（2）反抽直线勾对角战术。当对方男队员从二底线进攻站在对角线的己方女队员时，己方女队员可采用反压直线结合勾对角战术能最大限度地调动对方，并抓住其漏洞，但要注意反抽必须越过对方女队员的封网高度。

（3）反抽对角挡直线战术。当对方男队员从二底线进攻站在直线的己方女队员时，己方女队员可采用反抽对角结合挡直线的战术方能抓住其漏洞，但同样也要注意反抽必须越过对方女队员的封网高度。

（4）挡直线、勾对角网前战术。当对方男队员从二底线进攻己方女队员时，己方女队员可采用挡直线结合勾对角网前的战术，可以避开后场强有力的攻击。只要挡和勾的质量有保证，才可以化被动为主动。当然，当己方把球打到某一个点时，女队员要逼近封住其直线区，迫使对方打出高球。

（5）处于被动局面时，挑出球的落点应与己方女队员成对角线的战术。当己方女队员被动地必须挑高球或打高球时一定得把球挑或打到与自己成对角线的地方，以避开对方男队员强有力的攻击。而当己方男队员被动地必须挑高球或打高球时，其落点应该与自己成直线，以便避免对方男队员攻击本方女队员。

（七）打法类型

1. 单打的打法类型

单打的打法是根据参赛者个人的技术特点、身体素质、心理素质等条件而形成的技术打法，常见的主要有以下五种。

（1）控制后场，高球压底。从发球开始就运用高远球或进攻性的平高球压对方后场底线，迫使对方后退，当对方回球不够后时，以扣杀球制胜；或者当对方疏于前场防守时，就可以以轻吊、搓球等技术在网前吊球轻取。轻吊必须在若干次高远球大力压住后场，对方又不能及时回到前场的基础上进行。这种打法主要针对力量和后场的高、吊、杀技术的较量来说。对初学者，这是一种必须首先学习的基础打法。

（2）打四角球，高短结合。在后场以高远球、平高球和吊球，在前场则以发网前球、推球和挑球准确地攻击对方场区的4个角落，调动对方前后左右奔跑，顾此失彼，待对方来不及回中心位置或回球质量差时，向其空当部位发动进攻制胜。这种打法要求进攻队员具有较强的控制球落点的能力和灵活矫捷的步法，有速度，否则难占上风。

（3）下压为主，控制网前。这种打法主要通过后场的高远球、扣杀、劈杀、吊球等技术，先发制人，然后快速上网以搓、推、扑、勾等技术，高点控制网前，导致对方直接失误或被动击球过网，被进攻队员一举击败，通常又称"杀上网"的打法。这种是进攻型的打法，能够快速上网高点控制网前，对速度耐力和力量耐力要求较高。这种打法，体力消耗较大，如果碰上防守技术好的对手，体力就往往成为成败的关键因素。

（4）快拉快吊，前后结合。以平高球快压对方后场两底角，配合快吊网前两角（或运用劈杀）引对方上网，当对方被动回击网前球时，迅速上网控制网前，以网前搓、勾球结合推后场底线两角，迫使对方疲于应付，为前场扑杀和中、后场大力扣杀创造机会。这也是一种积极主动、快速进攻的打法。这种打法要求运动员身体素质好，特别是速度耐力要好，技术全面熟练，而且还具备突击进攻的特长。

（5）守中反攻，攻守兼备。以平高球和快吊球击向对方场区的 4 个角落，以调动对方。让对方先进攻，针对进攻方打的高远球、四方球、吊球等，加强防守，以快速矫健的步伐、多变的球路和刁钻准确的落点，诱使对方在进攻中匆忙移动，勉强扣杀，造成击球失误；或者当对方回球质量较差时，抓住有利战机，突击进攻。这种打法要求队员具有攻中有守、守中有攻的控球和反控球能力，不仅应具备优良的速度耐力、灵活的步法、准确快速的反应和判断应变的能力，更应具有顽强的拼搏精神和心理素质，这样才能在逆境和被动中保持沉着冷静，并奋起反击。

2. 双打的打法类型

双打的打法是根据双方的技术水平、身体素质和心理素质以及伙伴的配合特点，经过长期训练而形成的，常见的主要有以下三种。

（1）前后站位打法。此打法基本上是己方处于发球时所采用的。发球的队员站位较前，当发球队员发球后立即举拍封堵前场区，另一名球员则负责中场或者后场的各种来球。前后站位法可充分运用快攻压网前搓、吊、推、扑技术，寻找空当，一举打乱对方站位，或者通过后攻前扑，后场连续大力扣杀，前场积极封堵，当回球在网附近时，一举予以致命打击。

（2）左右站位打法。此打法基本上为己方处于接发球状态和受到下压进攻时所采用。对方发球或打来的平高球处于后场，己方可从原来的前后站位立刻转换为左右站位，俩人各负责左右半场区的防守，以平抽、平打压住对方后场底线两角，在对方扣杀球时也能以平抽反击或挑高远球至两底角，造成对方回球无力，一举扣杀或吊球成功。

（3）轮转站位打法。在比赛中，攻守双方应该根据比赛的情况不断地在前后站位和左右站位间相互变换。站位的变换通常具有以下特点。

①接发球时前后站位。当对方回击高球至后场偏一侧进攻时，位于前面的队员要直线后退，后方的队员看情况向侧移动，改换成左右站位。

②接发球时处于左右平行站位。在发球后或在击球过程中，一旦有机会进行下压进攻，一名球员便快速上网封堵，另一人则快速移动到后场进行大力扣、吊、杀球，导致对方处于被动地位。

3.双打比赛的配合

要成为一对优秀的双打配对，除了能熟练地掌握各种基本技术、进攻和防守战术外，还要在思想上互相信任，在技术上互相补缺、补漏，在战术上互相了解，在比赛中互相鼓励。有了互相了解、信任，又能互相鼓励的配对，配合问题就能很好解决，也就有可能进入双打优秀选手的行列。

（1）共同的事业心是双打配合中的思想基础。首先要明确为什么而打球，树立起雄心壮志，增强事业心。有了这个基础，思想上的配合问题就能迎刃而解；反之，只强调个人的习惯，以自我为中心，骄傲自大，只看到自己的长处，看不到自己的短处，就会出现要拆对、另找配对的问题。如果满足其要求另找新配对，由于本质问题没解决，过一段时间问题又会出现，配合问题总不能得到解决。因此，根本的解决办法是其个人注意思想，提高打球的目的性和事业心，只有解决思想问题才能解决双打配合中的其他更细致、更复杂的问题。

（2）思想上要做到互相信任。比赛中如果双方互相不信任，必然会造成在球场上紧张失常。例如，对同伴第三拍的技术不放心，总担心他守不住，这时就必然要影响自己的发球质量；反之，对发球同伴不信任，怕他发球太高，不好处理第三拍，由于思想不集中或过度紧张，反而造成第三拍失误。由一两次到十几次，由量变到质变，就会互相埋怨，甚至争吵，双方都感到无法再合作而要求拆对。这都是起源于互相不信任所造成的问题。

思想上要提倡互相信任，如发现同伴某一个基本技术或战术比较差，就应该帮助同伴迅速提高，因为在帮助同伴提高的同时也提高了自己。而存在问题的一方也要认识到如不迅速提高，将会对更好的配合产生不利影响，应该更刻苦训练，尽快掌握和改进基本技术和战术，以适应实战需要。这样，就不会产生因互相不信任所造成的严重后果。

（3）碰到困难时要做到互相鼓励、互相补缺，不埋怨、不泄气。同伴由于种种原因发挥不出应有的水平，这时，就会出现两种情况：一是热情的鼓励，并以最大的努力来弥补同伴的弱点，使其在鼓励和帮助之下，转变情况而发挥正常水平。二是当同伴发挥不正常时，就埋怨起来，态度很冷淡，总认为球打不好都是同伴的错，结果，不只是同伴转变不了情况，自己也会因此失去信心，所以往往以埋怨开始，以泄气告终。因此，碰到这两种情况无一例外，都会失败。

（4）在战术上要做到互相了解，犹如"两人三条腿"走路一样默契。在比赛中两人要配合默契，除了以上所谈的三点外，在战术上应做到互相了解，特别是在前面封网的队员，一定要了解后面的同伴，这时会打出什么球路的球；是打扣球还是打吊球；是攻直线还是攻对角；打完球之后，是能够左右移动，还是不能左右移动；后场是否要网前的人去补等，这些都需在一瞬间做出反应，并马上根据反应采取行动。如果这种判断正确，那么配合就默契。因为同伴会打什么球，自己能及时了解，就有利于补位、封网，所以战术就默契。

所谓的"互相了解"，还可以用"三条腿走路"来形象地加以说明，就是两人各有一条腿缚在一起，成了"两人三条腿"，每走一步，都得考虑到另一个人的处境，如果一个想向前，一个想向后，那必然要摔跤或不能行动。因此，要做到"两人三条腿"走路，就得两人行动一致，协调行动。

总之，两人做到默契一致，才能打好双打，才能把双打的配合问题解决好。

4.羽毛球战术训练的意识培养

羽毛球运动是对抗性项目，在比赛中双方始终贯穿着控制与反控制、制约与反制约的激烈争夺。比赛双方为了战胜对手，总是一方面尽量发挥自己的特长，保护自己的缺点，另一方面又要限制对方的特长，抓住对方的弱点。如果比赛双方在旗鼓相当、势均力敌的情况下，正确地运用战术，就可以减少体力消耗和无效的行动，对夺取比赛的胜利具有重要的意义。而正确地运用战术、较强的战术意识对快速提高羽毛球综合水平有着关键性的作用。

第六章 羽毛球运动的身心素质训练

第一节 羽毛球身体素质训练

随着高校羽毛球突飞猛进的发展，学生除了要学技术、战术外，还要有较好的身体素质来保证技术、战术的实施。身体素质的好坏，固然与先天的遗传因素有关，但是要通过后天的身体训练，在遗传和人体自然生长发育的基础上，对人体机能、形态及结构产生良好的改变。所谓"身体训练"，是指运用各种身体练习以有效地影响人体各组织器官机能、代谢及形态结构，从而达到促进健康、提高运动能力的目的。身体训练的主要内容是着重发展学生的力量、速度、耐力、柔韧等素质。

一、身体训练的重要作用

（一）身体训练是学习提高技术、战术的基础

身体训练的过程实际是有机体各器官系统功能协调发展，具有完备的从事专项运动能力的过程。运动项目不同对有机体的要求有所不同，而这些要求仅靠专项技术、战术训练是不可能完全达到的，只有通过加强身体素质的训练，才能使其身体训练水平得以提高。另外，技术、战术水平越高，对身体素质的要求也就更高；而身体素质的提高，又是掌握复杂的先进技术和战术的基础，为全面掌握和发挥技术、战术水平创造有利条件。

（二）良好的身体训练是承担训练和比赛的基础

据统计，一场羽毛球比赛要快速移动 3000 ~ 5000 米，在激烈的攻守对抗中持续快速地完成各种急停、起动、跨跳和挥臂击球等技术动作，这种高速度、高难度的比赛要求学生具备相当高的身体训练水平。所以说，羽毛球比赛不仅是技术、战术的交锋，而且是身体素质的较量。

（三）身体训练过程是培养良好意志品质的过程

现代体育运动对心理素质的要求越来越高，而心理素质的培养，尤其意志品质的培养建立在良好身体发展的基础上。在身体训练中采用竞赛手段，就是培养学生的取胜欲望，采用奖励或鼓励的方式，使学生在最困难的情况下发挥出最高的水平。所以，提高身体训练水平不仅能加强心理素质的培养，而且对比赛心理的稳定也有促进作用。

（四）科学的身体训练对防止受伤、保持身体健康具有重要意义

在现代训练中，运用加强身体训练，特别是力量训练来防止学生运动损伤已越来越被人们接受。因为雄厚的身体素质建立在有机体形态改变和技能提高的基础上，身体训练结构改变越深刻，技能水平越高，其保持的时间就越长，衰退就越慢。

根据上述四点可以看出加强身体素质训练对提高运动技能所起的重要作用，尤其是在训练中更应重视身体素质的提高。

二、贯彻身体训练的基本要求

身体训练包括一般身体训练和专项身体训练两方面的内容。

（一）身体训练应贯彻系统性要求

在训练过程中，合理、全面、有计划地安排身体训练，从内容、比重、手段、负荷等方面进行统筹安排，尤其在青少年时期更应细致考虑。由于人的生长发育在不同年龄阶段的不均衡性，青少年时期身体素质就是发展的"敏感期"。这就需要抓住有利时机，采取相应的身体训练，使之更好地发展。

（二）考虑羽毛球运动特点，全面安排

身体训练的安排应围绕羽毛球运动的特点来进行。力量是身体素质的基础，羽毛球运动虽然不强调发展绝对力量，但是应在具有一定绝对力量的基础上发展速度力量和力量耐力，使学生保证所需的动作发力和长时间的奔跑、蹬、跳、跨及连续击球动作。因此，要重视一般身体训练，但并不意味着运动训练中使身体各部位、各器官系统、各身体素质得以绝对地同步发展；而要根据羽毛球运动的需要和学生个人具体情况，做到有主有次、以主带次全面统筹地安排。

（三）身体训练要和技术、战术训练相结合

身体训练为技术、战术训练提供基础。在运动训练中，为达到相应的运动技能要把构成竞技能力的各因素提高到相应的水平，使获得的训练效果始终紧密地结合在一起。从实际需要出发，身体训练与技术训练应从运动学、力学、生理生化学等方面考虑。这样才可使羽毛球技术得到巩固与提高，也更有利于身体训练的效果通过专项技术转化到运动技能上去。

（四）身体训练的安排要因地制宜、灵活处理

身体训练的安排要因时、因项、因人而异，要从身体、比赛要求、训练条件等实际情况出发。

身体训练要因时而异是指在不同的周期、不同的时期、不同的阶段，都要根据训练的任务和其他要求细致考虑。

因项而异是指根据训练的项目（单打或双打）的不同特点来考虑身体训练的安排。单打移动范围要比双打大，但双打所要求的动作速度比单打快，而且更要具备连续的强攻能力。所以，不能千篇一律。因人而异是指根据学生的实际情况而区别对待，如身体状况、与打法相应的身体素质以及相应的训练阶段。

第二节　羽毛球运动教学训练的心理学基础

羽毛球运动是一项复杂多变、对抗性较强的项目。参与者的心理训练与其教学训练之间是一种双向影响的关系，即参与者的心理发展水平和羽毛球运动教学训练的心理促进功能紧密关联，相互依赖、相互作用，构成了教学训练的重要心理基础。

因为体育运动技术的教学训练是一种与身体形态、机能有密切关系的大肌肉运动技术的学习。它不仅与神经系统有关，而且与肌肉、关节的活动特点有关。身体运动不单纯是靠身体进行的，而是需要生理、心理功能的综合参与，是一种整体人的活动，这是早已被科学研究和实践所证明的事实。在国际竞赛水平趋于高竞争、强对抗的形势下，了解和掌握羽毛球运动教学训练的心理学基础，对准确、快速地掌握高水平羽毛球运动技术以及促进羽毛球教学训练的科学化有着极为重要的意义。

一、技术动作学习的心理学实质

从心理学的角度来看，动作学习和专项技术的训练是一个从感性到理性的认识过程，是一个从实际掌握技术动作到熟练程度（即成为技巧）的过程。这个统一的过程是由教练员或教师和学生本身来控制掌握的。他们在这个过程中不仅是客体，而且是教学的主体。因为掌握动作、掌握练习的技术，就是学会控制它们，按照空间、时间、用力的强度等方面的参数来调节它们。因此，学习动作和运动活动的自我应该是在体育教育和运动训练中教学训练的必然方面。

所有这些都是很重要的，因为通过这样的途径就可以掌握羽毛球运动的技术动作。

二、动作学习的心理学结构

通过用结构分析的方法对运动技能的形成进行现代化的研究可以得出任何一个动作学习的心理学结构。任何一个动作学习的心理学结构都是由以下三个环节所构成的。

①形成运动指令或建立动作计划，实质上是学生通过教练员或教师对某一具体的技术动作的讲解示范，在头脑中形成或建立关于这一具体技术动作的视觉的运动表象或想象的运动表象。

②实现动作计划或完成指令，实质上是学生参照头脑中产生并保留的该技术动作完成的模式进行模仿性练习，通过实际的操作练习在头脑中逐步形成和完善该技术动作的自身动作的动觉运动表象。

③检查或修正运动指令，实质上是学生依据自身完成技术动作时形成动觉的运动表象及其反馈信息，实施对完成整个技术动作过程的意识监督和修正。

三、调节动作学习的两条线路

在感性和理性认识的基础上掌握动作的过程就是实际的自身操作练习，提高动作学习的心理学结构中的三个环节的功能，这些功能的实质就是把现实感知到的动作变为自觉控制调节的动作或自觉控制调节的行动，即符合客观条件去完成技术动作的能力。

从动作学习的心理学结构和过程特点可以得出这样的结论：动作学习过程的控制调节是由两条闭合的调节线路保证的。即由教练员、教师对运动员、学生动作学习的外部调节线路和运动员、学生自身的内部调节线路保证。

完成动作的外部客观条件（活动的具体情况）及教育者（教练员、体育教师）的控制作用（特别在动作教学过程中）是外部控制调节线路的决定因素。

在实施技术动作的教学训练过程中必须把这两条闭合的调节控制线路紧密地结合起来，就可以加强整个教学训练的总体效益，从而提高教学训练的质量，这也就是当代训练中越来越重视对运动员自我调控能力训练的原因。

四、动作学习的自我监督和自我调节

现代心理学的概念认为，动作学习过程中自我监督是动作自我调节的有机的，甚至是基础的组成部分。对完成技术动作的自我评价也是自我监督的表现。

在自我评价的基础上调节自己的动作也不是一件很容易的事情，它首先要求有感觉修养，这种感觉修养就是借助动觉去认识那些判断自己完成技术动作的主要标志。

当然，在动作学习的教学过程中的这种感觉教学，不只局限于发展运动感觉的准确性，还可以在这个基础上形成各种各样复杂的从事专项运动所必需的专门化知觉能力。例如，学习羽毛球的"球感"。这些专项所必需的专门化知觉能力的形成、提高和完善，可以确保运动员准确、灵活、迅速、合理地表现和完成高精尖的运动技术动作，并尽快地形成最佳竞技状态。

第三节　羽毛球运动员的专项心理特征

羽毛球运动员活动的心理特征，与羽毛球运动竞赛水平的发展趋势有关。特别是目前国际羽毛球运动竞赛的水平向着技术全面顶尖快速化、能攻善守全能化、战术综合突变化、技术风格打法类型多样化、竞争对抗白热化的趋势发展，这种发展趋势从不同角度和不同心理层次上对羽毛球运动员提出了更高的心理要求。长期参与羽毛球教学训练的个体表现出特有的专项心理特征。研究和把握羽毛球运动员的专项心理特征，对进行心理选材和有针对性的教学训练以及运动竞赛的心理指导都有重要意义。

一、羽毛球运动员的认知心理能力

高水平的羽毛球运动员在运动场上表现出的心理特点是，他们能够在很短的时间内做出更快、更有效的反应，即他们的心理和动作敏捷性良好。在快速、激烈对抗、瞬息万变的竞赛中，优秀的羽毛球选手之所以能够在极短的时间内，完成准确感知对手的意图、准确判断来球状态、迅速决策并做出正确回球动作，感知性思维在这时发挥着重要作用。在羽毛球运动的实践活动过程中，运动员所要完成的各种技术和战术行动是在规定的场地上和一系列的竞赛规则的限制条件下，与对手的直接接触、相互制约、变化复杂的积极对抗条件下进行的，这就需要羽毛球运动员形成和具备各种空间知觉、时间知觉、运动知觉的准确性，球感，注意力的集中、分配、转移。思维和敏捷性、灵活性和正确性等心理能力或心理品质，这些心理能力或心理品质，构成了羽毛球运动员的感知过程的心理特征、思维过程。

二、羽毛球运动员的情感、意志特征

羽毛球运动是使运动员的情绪体验产生较为深刻变化且起伏较大的一项运动。羽毛球运动必须与对手进行直接较量，胜负关系到更广范围的荣誉，双方求胜愿望强烈，心理紧张度和敏感度高。而羽毛球比赛比分变化大，领先与落后转换多，且运动员的思维、情绪和行为易受裁判员和观众及场地环境的影响。复杂的变化和运动员的认识、期望与剧烈的生理反应相互影响，使运动员可能产生更多的想法，从而产生强烈而多变的情绪体验，这些活跃的主观因素都影响着运动员竞技水平的发挥。运动员的情绪特点是受各种主客观因素和羽毛球运动本身固有的特点所制约的。实践表明，羽毛球运动员的情绪体验，一般有下述几方面的特点：高度的政治责任感、道德感、集体荣誉感，情感体验异常强烈、迅速、鲜明，情绪体验的性质容易迅速转化。

因此，对于高水平羽毛球运动员来说，在比赛过程中只有那些认知境界高、胜负观念正确、思维杂念少、情绪调节能力强的竞赛者才能较好地控制自己的心态与情绪。

羽毛球运动是一项持续时间较长的项目，双方水平越高、实力越接近，竞争就越激烈，体能消耗也就越大。为了适应羽毛球运动体能要求，教学训练的负荷越来越大，则对运动员的意志品质要求也越来越高。在球场上来回奔跑、起跳、挥拍击球，得分或获胜者往往是那些意志品质顽强、坚韧不拔、坚持不懈的运动员。

运动员要具有忍受长时间单调、枯燥技术练习的意志品质的能力，耐得住寂寞、经得起磨炼。具有"精益求精"的训练态度，主动适应一堂课中完成上百次同一技术动作的单调练习，将每一拍的练习都看作是成功的积累，这样才能苦中找乐，乐在其中。

一个优秀的羽毛球运动员必须有较强的适应外界刺激干扰，承受内外压力，忍受精神负荷，在高度紧张情境中保持冷静、果断、坚强的意志品质，敢打敢拼，不畏强手。

竞技运动水平提高的速度和在双方实力相当的比赛中能否取得胜利，很大程度上取决于运动员意志品质发展的程度。因此，运动员意志品质的培养和发展对羽毛球运动员从事专项训练与竞赛具有十分重大的意义。

三、羽毛球运动员个性心理的特征

由于羽毛球运动具有上述众多的特点和专项运动心理的特征，它在羽毛球运动员精神特性、气质类型和性格特征等方面有一定的要求，这些要求就构成了羽毛球运动员的个性心理特征。

从精神特性来看，对羽毛球运动员心理过程的强度、速度、稳定性以及心理活动的指向性和表现方式方面具有一定的要求。这些要求具体表现为从事羽毛球运动的运动员必须具备很强的、高度灵活和平衡的神经过程。这些专项运动的心理能力和特征正是羽毛球运动员所必需的。因此，高水平的羽毛球运动员的精神特性必须以神经过程很强的、高度的灵活性和平衡性为特征。

从气质特征上看，人的气质特征是以个体的精神运动特性为基础的，是精神运动的特性在人的行为方面的表现。依据羽毛球运动员的精神运动特征，四种典型的气质类型都可以适应羽毛球运动活动的特点，而多血质和以多血质为主的胆汁质或黏液质的中间型是最理想的羽毛球专项运动气质类型。

从性格特征来看，性格是一个人对待现实的态度和行为方式方面较为稳定的心理特征。羽毛球运动的结构、条件以及训练比赛特点，决定了高水平的羽毛球运动员所应具备的性格特征。其对现实的态度方面应该是：对待羽毛球运动活动的态度是具有目的性、事业心、主动性、独立性和创造性等；对待集体与他人的态度是具有集体主义精神、同情心、坦率性、原则性、热情与急公好义等；对待自己的态度是具有自我批评的精神、自尊心、自律性、谦虚、克己等。在行为方式方面应该是：乐群，喜欢与他人合作；聪慧，富有才识，理智性强，自食其力，独立积极；情绪稳定，自律严谨；具有较强的攻击性；行为现实，精明能干，行为得体；勇敢果断，自立自强。

四、羽毛球运动员心理能力的检测

羽毛球运动员心理能力的检测是指运用心理学的技术和方法对羽毛球运动员的心理能力进行测量与评定。

对运动员心理能力的检测具有重大的意义。因为，只有根据对运动员心理能力的测量与评定，才有可能对运动员即将或未来的运动活动的表现及效果进行预测。只有对运动员心理能力进行检测，才有可能进行个别对待，进行科学的定向训练，使训练过程与效果达到最佳。只有对运动员心理能力进行检测并进行必要的针对性心理训练，才有可能最大限度地发挥运动员的身心潜力，取得竞赛的优异成绩。

对运动员心理检测的内容可以分为一般心理能力的检测和运动活动条件下的心理能力检测。

必须强调的是，根据运动活动的特点（包括不同项目、不同训练时期，运动员的不同水平等）、运动活动的任务（训练、比赛等）、运动员的个人特点，对运动员心理能力的检测的内容与要求是不同的。在科学训练和运动竞赛中对运动员心理能力的检测，一般包括以下程序。

①长期的、常规的心理能力检测，包括入队时的心理能力检测和年度、季度、各个时期的综合的、个别的运动能力的检测。

②训练过程的心理能力检测，包括不同训练时期的一般心理能力检测（训练前、训练中、训练后的一般心理能力检测）、训练效果的心理能力检测和训练过程综合的心理能力检测。

③竞赛过程的心理能力检测，包括赛前和赛后的心理能力检测。对运动员心理能力检测的程序应当根据运动训练的客观过程，对运动员心理能力的形成、发展和变化采用客观的指标进行比较与评定。这种比较与评定的基本内容与要求通常采用运动员的自身比较（不同时间和条件下心理能力形成、变化、发展的原因、现状、归因比较）

和与项目优秀运动员心理能力的纵向比较。

运动员心理能力检测的指标与方法，是一个十分具体而又重要的问题。心理能力的检测方法因项目、因人、因时、因条件而异，一般有以下四方面。

①心理实验的指标与方法，包括注意力集中、分配的检测；反应能力的检测（简单反应、复杂反应、综合反应、躯体定位反应等）；运动感知觉的检测（肌肉用力感觉、速度与节奏知觉、时空判断知觉、运动知觉等）；运动记忆和运动表象检测；本体感觉的检测（上、下肢运动方位感，躯体主动用力感，上、下肢各大关节，腕关节灵敏度）；操作思维能力检测；动作稳定性检测；运动技能学习能力检测；双手协调、下肢协调和上下肢协调能力的检测；神经系统、精神运动特性的检测。

②生理心理的指标与方法，包括运动员训练前、后、中，竞赛前、中、后的生理和心理特点（心率、皮电、肌电、血管容积、血压、内分泌系统活动水平等）；运动员疲劳与恢复的心理特点（闪光融合、简单反应时等）；运动员焦虑状态的检测等。

③社会心理的指标与方法，主要是采用心理测验的指标和方法对运动员心理能力进行检测，包括心理能力检测、心理状态检测、个性检测及意识倾向性检测（包括动机、态度等）。

④专项心理能力检测的指标与方法，这是因项目而异的一些专门指标与方法。既要将心理学、运动心理学的一般指标与方法运用于专项实际，又应根据项目本身固有的特点进行设计。

运动员心理能力的检测问题是我国运动心理学研究的一个重要问题。鉴于我国科学研究发展水平以及条件设施，仍需从理论与实践应用两方面做进一步的探讨。

第四节　羽毛球运动员的心理训练

一、关于心理训练的一般概念

心理训练是指有意识、有目的地对运动员的心理过程和个性心理特征施加影响的过程。也是采用特殊的方法和手段使运动员学会调节和控制自己的心理状态，获得最佳能力的过程。心理训练是为了适应现代运动水平的发展需要，是现代运动训练体系中不可缺少的重要组成部分，它影响、制约着运动员身体、技术、战术水平的改善和提高。心理训练随着心理科学和体育科学的发展而逐渐发展起来，是与身体训练、技术训练具有同等重要地位的一种现代化的有意识的心理教育过程。

总而言之，心理训练就是有意识、有目的地培养和完善运动员，出色地完成紧张而又复杂的羽毛球训练和竞赛任务时所必须具备的各种心理素质和心理品质的教育过程。

心理训练是较高运动水平的运动员现代化训练手段之一。其目的就在于提高和完善羽毛球运动员达到最高运动水平时所必须具备的各种心理素质、个性心理品质，排除在训练、竞赛过程中妨碍自己获得和发挥运动水平的各种不良状态与消极的心理因素，以确保最佳竞技水平的获得与发挥。

心理训练的作用表现为改善心理过程和专项适应的个性特征，挖掘心理潜力，熟练心理自我控制调节的策略、方法和技术，提高专项心理活动的整体水平来确保最佳竞技水平的获得与发挥。

运动员心理训练可以根据运动训练与运动竞赛的需要，心理素质形成的规律以及心理训练的目的，训练时间的长短等，分为两大类，即一般心理训练和准备具体比赛的心理训练，这两大类心理训练因其目的不同而具有独特的内容。

（一）一般心理训练

一般心理训练又称长期心理训练，是一种长时间持续不断的心理教育过程。通常与身体、技术、战术训练相同，从运动员进行羽毛球训练开始，直至其运动生涯结束为止。一般心理训练的目的是改善各种心理过程以及个性心理特征，确保最佳竞技水平的获得。它的具体内容主要包括下述六方面。①培养和提高运动员对羽毛球运动的兴趣、需要、动机、性格、气质等个性特征。②改善各种知觉过程，形成和完善对羽毛球运动具有重要意义的专门化知觉能力。③培养和提高羽毛球运动员的注意力（包括注意力的集中与稳定、注意力的分配、转移和范围等品质）和意识的自我控制能力，以便在各种训练活动和竞赛条件下形成迅速而又准确的定向。④提高和完善羽毛球运动员的运动记忆、想象，以及快速、准确、灵活的操作能力和运动表象训练能力。⑤促进和完善羽毛球运动员所需的情绪、意志特征，特别是在关键时刻的情绪自我控制调节以及勇敢、果断、顽强、自制、镇定和夺取胜利的意志力。⑥掌握和熟悉各种心理自我控制调整的策略、方法与手段。

一般心理训练就是要在羽毛球运动员的整个运动经历的每一次训练中，结合各种训练的具体内容与手段，有意识、有目的、有计划、有步骤地安排各种具体的任务而进行的心理教育过程。因为运动员良好的心理机能和个性品质是在运动中长期训练的结果，临时"抱佛脚"是不会灵验的。

一般心理训练至关重要，正如国外一些著名的心理学家、教练员指出的那样，"如果说以前的心理学家关心的问题，是运动员个性中的哪些心理机能和品质能够得到发展，发展到什么程度，这仅仅是系统从事专项训练情况的自然结果。那么，由于有了心理训练的关系，问题就变为："为了在一定的项目中获得最好的成绩，应该发展运动员的哪些心理机能和品质，发展到什么程度，就由教练员和运动员有目的、有计划地进行了"。

（二）准备具体比赛的心理训练

准备具体比赛的心理训练又称短期心理调整训练。这是一种针对性强、时期较短（一般在重大比赛前一年或几个月前开始）的心理教育手段。准备具体比赛的心理训练目的是确保最佳竞技水平的发挥。它的具体内容主要包括以下六方面。

①适应运动竞赛规模的动机训练。

②适应比赛环境条件的心理准备训练。

③适应比赛时各种人际关系的社会心理特征训练。

④适应比赛时所需的适宜的激活水平的激发、控制和调整训练。

⑤关于比赛时战术思维模式和战术思维灵活性训练。

⑥适应和排除突发事件的心理应激训练。

各种专门的心理状态的调整，心理放松和心理恢复，消除各类心理障碍以及心理能量的储备和动员是受任务、内容和要求所制约的。并因人而异、因事而异，并不存在任何适合所有人，适用于所有目的、任务、内容和要求的普遍可行且有效的统一模式。

二、羽毛球运动员心理训练的具体方法

当前国外通常采用较为有效的心理训练的基本技术主要有以下五种。

（一）放松训练法

放松训练法是一种以一定的自我暗示套语集中注意力，调节呼吸，使肌肉得到充分放松，从而调节中枢神经系统兴奋性的方法。目前普遍采用的是 1920 年由美国芝加哥心理学家雅克布逊首创的肌肉逐渐进入放松训练法。1926 年由奥地利精神病学家舒尔兹提出的自身放松训练法和中国传统的以深呼吸和意守丹田为特点的松静气功等三种训练方法。羽毛球运动员在比赛时经常由于紧张、焦虑而导致失败。实践证明，运动员优异成绩的取得与自身的最佳状态有密切的关系，所以运动员在比赛中使自己放松，并在心理上保持稳定，对取得优异成绩十分重要。

1.放松训练的具体方法

①首先收缩（紧张）一个肌群。保持紧张约 10 秒钟，然后再进行放松。可以先从上肢开始，过渡到面部、颈部、肩部，然后从胸部和背部到腹部和下背部、臀部、大腿、小腿。各大肌肉、肌肉关节部位逐一进行。放松者需躺在安静的环境中，把自我暗示套语录在录音带上放给自己听，在听播放的套语时，按照口诀提到的肌肉收缩，

然后放松，一般进行 20 ～ 25 分钟。

②不进行肌肉收缩就放松身体的各个部分肌肉，要求注意力集中在放松的主要肌肉的感觉上。首先要放松那些通常不紧张的部位，然后过渡到那些紧张的部位。顺序可按第①步去做，也可按自己排定的顺序去做。在放松时口诀提示"放松、镇静"，每讲一遍，呼吸一次，这样进行 10 ～ 15 分钟。

③通过默念提示的口诀进行放松，要使放松的感觉迅速传遍全身。通过练习，要任何情况下都能够迅速地进行放松。例如，在走、站、坐、跑步、散步时以及上课、训练中都可以随意地放松。此阶段的放松应同时检查身体的紧张部位，如肩和颈部就是很好的检查点。如果检查过程中发现还有没有放松的部位须迅速地消除紧张，应给自己提出一个放松的目标以及应该达到的练习数量和质量标准，如三天内每天放松一次。

④对因参加比赛所引起的焦虑进行放松。先在模拟比赛情况下进行放松训练，逐步过渡到实际比赛。例如，模拟训练、测验、选拔赛、问答提问等，只要一意识到自己的紧张信号，马上就进行深呼吸并默念放松，立刻出现一种放松反应。

⑤局部放松。这是一种适用于某部位紧张时的放松，如借助于收缩和放松腹部肌肉的方法来消除因惊慌、恐惧引起的神经质式的颤抖；用收缩和放松腿部肌肉的方法来减轻腿部出现的颤抖；用放松肋部的肌肉来解除跑动时在肋部产生的剧痛；还可用先挤压身体的某一部位再去放松该部位的局部放松方法，如在跑时可以先收缩一侧的腹部并用力挤压它，然后再放松。

2. 动员与振奋

羽毛球运动员在比赛前如果处于淡漠状态，或者比赛过程中处于身心疲劳状态时，必须进行动员和振奋。

动员与振奋的方法是，收缩身体某一部分肌肉来提高兴奋水平。一个人如果能使动员、振奋与紧张气氛的情绪结合起来，就可以做到临危不惧。其具体做法是，握紧拳头，用力收缩三头肌绷紧胸大肌，夹紧双臂，咬紧牙关，命令自己"这次比赛极为重要，必须出色完成"。可以默念"胜利""有劲""力量"，把这些富有积极意义的词和思想同有节奏的身体紧张结合起来，将有助于提高身心的兴奋水平。在比赛前加快运动节奏、跳上跳下、喊出很大声音、快速呼吸以及模仿一种最大用力的身体动作，均能起到动员与振奋作用，进行内心想象也能使运动员的情绪提高，也会收到一定的效果。

总之，通过肌肉的放松和动员与振奋，可以帮助运动员学习根据实际需要来降低或提高自己的身心兴奋水平，并有意识地掌握自我调整的心理技术。

（二）想象训练法

想象训练法又称运动表象训练法、念动训练法、回想训练法，也就是俗称的"过电影"。这是一种运动员有目的、有意识地在头脑中重现已经形成的表象或形成新的表象来提高、巩固所获得的技战术水平或调整心理状态的方法。对运动员进行想象训练，有助于运动员技术动作的学习、提高和掌握；有助于对比赛和训练进行模拟训练；有助于运动员减少焦虑，提高运动能力和调整身心状态。

（三）自我暗示训练法

自我暗示训练法是一种利用语言等刺激对自己的心理施加影响的方法。

自我暗示的目的是通过语词的暗示或表象调整自己的心境、情绪和意志过程以及工作能力。运动竞赛中通常把自我暗示、放松训练与想象训练结合起来，成为运动员临场调节身心状态的一种行之有效的办法。自我暗示的训练方法很多，下面简要介绍一种较为通用且有效的方法，其分为姿态、准备动作两种练习。

1. 姿态的选择

请选择下面最符合自己情况的姿态。

（1）坐式姿势。想象一个人静静地坐在湖边或海滩边，头微微向前倾，手和胳膊轻松自然地放在腿上，两腿取较舒适的姿势，脚尖微微向外，轻轻闭上双眼。

（2）软椅姿势。舒适地坐在一张软椅里，头倚在靠背上，胳膊和手舒适地放在扶手或自己的大腿上，腿和双脚取舒适的位置，脚尖稍微向外，轻轻闭上双眼。

（3）仰式姿势。仰面躺下，头舒适地靠在枕上，两腿放松稍分开，脚尖稍微向外，轻轻地闭上双眼。

2. 准备动作

想象凉爽的湖风或海风轻轻地拂面吹来，把紧锁双眉的皱纹全部舒展开来，然后放松脸上全部肌肉，这时眼睛向下盯着腹部。随后闭上眼睛，下巴放松，嘴略微张开，舌尖贴在齿根，慢慢柔和地做深呼吸，不要紧张。当空气吸入时，会感到腹部鼓起，然后慢慢地呼出，呼出的时间是吸入的两倍。每一次呼吸的时间都比上一次长一些，第一次呼吸可以是一拍，最后达到六拍左右，然后把刚才的过程反过来，吸入六拍，呼出十二拍。吸入五拍，呼出十拍……至吸入一拍，呼出六拍为止，做 2 ~ 3 分钟这种准备动作后开始做练习。

（四）注意力集中训练法

注意力集中训练就是使羽毛球运动员学会全神贯注于一个确定的目标，不受任何外来刺激和内心杂念的影响，始终把心理活动指向和集中在当前的活动任务上。

注意力的集中是从事羽毛球运动所需要的最基本的心理技能之一。注意力是伴随运动者完成每一个技术动作的心理活动，打每一拍球和接每一拍球都要集中注意力，注意"发球""接发球""杀球""接杀球"。只有注意力集中地处理好每一个球，才能取得更好的效果，如果心不在焉地打球，则很难想象其结果。注意力集中是运动员投入教学训练和比赛中的标志，也是运动员排除内部杂念与消极情绪的关键。

运动员学会集中自己的注意力，对于完成训练和竞赛是非常重要的。只有提高集中注意力的能力，才能促进认识的活跃状态，提高情感的兴奋水平，加强意志的努力程度，达到提高训练和竞赛效果的目的。运动员在训练和竞赛过程中分散注意力的因素很多，如身体方面、心理方面等。另外，注意集中能力也是因人而异的，因此，对运动员的注意力集中训练法，也必须因人而异。一般从下述方面入手加以训练。①对所从事的羽毛球运动必须有强烈的兴趣，特别是来自内部的动机更能使人全神贯注。②日常生活中养成办事有头有尾、不见异思迁的习惯。③在比赛和训练中进入忘我状态，用身体体会集中注意力的境界。④在比赛中排除各种干扰因素，特别是关乎比赛结果和名次思考，用意志力努力控制自己思考如何完成动作。⑤消除担心、害怕的心理，避免不必要的情绪波动。

此外，注意力集中练习与运动员的动机、兴趣、责任感等因素有关，训练中应注意发挥这些因素的作用。

（五）模拟训练法

模拟训练法是一种在与比赛条件相似的环境下进行训练的一种方法。这种方法能使羽毛球运动员逐步适应比赛的特殊环境，有利于提高临场的发挥以及比赛水平。模拟时要在生理、心理和环境等方面尽可能与比赛相似。通常有两种方法：一种是实战型，一种是通过语言、图片、录像、电影进行模拟。这可使羽毛球运动员习惯于比赛的环境，使其在大脑中建立一个稳定的动力定型。

在模拟训练中，羽毛球运动员可以模拟在雨中、太阳下、高温中等条件下的参赛环境；也可以模拟训练掌握克服某种突变情况的能力、在比分落后情况下的"拼搏"能力；改变准备活动时间、比赛项目顺序、出场阵容，在各种不利的情况下维持控制能力。常用的模拟训练法有以下六种。

1.超量模拟

超量模拟是一种超过比赛时身心负荷的训练。根据比赛的要求和不同运动项目的特点，在完成比赛任务的时间、动作次数、场次等方面都要进行超过比赛和训练实践的模拟练习。通过超量模拟训练，增加达到目的的难度，提高运动员从事该项目的能力和信心。

2.减量模拟

对一些精确性高、技术性强的项目，可以采用减轻器械的重量或降低高度，减少单位时间的重复次数等方法进行减量模拟练习。在运动训练中，对训练的质量提出合理的标准，但对单位时间的训练内容、强度、密度、训练量进行减量模拟训练。

3. 对手特点的模拟

这是模拟优秀运动员或对手在比赛中技战术特点、比赛风格、运动动作、气质表现以及角色的演练。可以让队员扮演不同的对手，通过模拟吸收对手的长处，了解其特点，采用各种有效的对策并加强赛前的技术、战术和心理准备。

4. 模拟宣判不公

为了使运动员对在裁判偏袒的宣判后出现的挫折做好充分的心理准备，使运动员不因不利的宣判分散注意力，或者出现情绪上波动等情况，进行这种模拟训练也是十分必要的。

5. 气候环境条件的模拟

为了使运动员适应比赛气候条件和环境条件的要求，根据运动项目的特点。组织运动员在各种不同的气候条件和环境条件下进行实战训练，使运动员能适应高温、风雨、严寒等恶劣的气候条件以及各种体育比赛的设施、器械，提高运动员参加比赛的适应性和充分做好比赛的心理准备。

6. 对观众影响的模拟

观众震耳欲聋的呼喊声及不同态度与评价倾向，会使缺乏临场经验的运动员产生紧张情绪。所以，运动员必须学会适应观众的不同态度与倾向，可以在赛前请观众观看训练、利用现代化的音响设备模拟比赛时的实际情况以进行针对性训练。

第七章　羽毛球运动员的体能训练

第一节　羽毛球运动现状及发展趋势对体能的
影响与要求

现代羽毛球运动最突出的一点是，它集中体现了当今人类体能与技能的一系列变化，而这一系列变化直接或间接反映着当今科学技术的发展和社会进步的成果。

一、选手基本身体条件和体质的发展变化对体能的影响与要求

进入 21 世纪，随着经济的不断改善与发展，人们生活水平提高了，营养丰富了，选手的基础体质和过去相比明显增强。选手基础身体条件的发展与变化，促使选手在身高、速度、力量、耐力等方面均有明显的进步，这种进步加剧了当代羽毛球运动的对抗性和竞技强度。因此，对体能的要求普遍提高。我们从羽毛球选手身高比较的数字中能看出这一变化：女子选手的普遍身高由 20 世纪平均 1.65 米左右，提高至 1.72 米左右。男子选手的普遍身高也由过去的平均 1.75 米左右，提高至 1.82 米左右。由于选手基本身体条件和体质基础比过去增强，训练水平的起点提高了，承受训练强度的能力也因此发展了。高水平的训练，要求选手身体素质的能力提高。反过来选手普遍身体素质水平提高了，又促使运动能力增强，刺激选手间的竞争力加强，选手需要不断打破现有平衡，向身体的更高极限挑战，才能从众多选手中脱颖而出，从而获得更好的专项运动成绩。

二、运动器械和运动场地设施的发展变化对体能的影响与要求

由于科学技术的进步和新型材料的运用，羽毛球拍这一羽毛球运动最直接的工具，在过去 50 年中发生了"革命性"变化。竹框竹竿拍被木框铁杆拍取代，铝合金拍诞生不久就被碳素纤维拍所替代，钛合金合成纤维球拍又以其重量小、强度大、耐性高等特点成为今天羽毛球选手的首选。球拍材质的不断革新使球弦也发生了根本性变化，

羊肠、牛筋甚至尼龙弦的强度和拉力均无法与金属拍框相匹配。新型合成纤维球拍弦集细、张力强、弹性好和抗磨损于一身，有"一发拨千钧"之功。科学实验表明，在人体力量的作用下，球拍可将羽毛球击出的最高时速超过 200 公里，居拍类运动项目之首。选手要想在比赛中获胜，必须使身体素质水平发展跟上现代器材的发展，才能保持运动中的这种和谐。

20 世纪七八十年代的羽毛球比赛，由于体育场馆很少，深受大众喜爱的业余羽毛球比赛大多在室外的水泥地上进行，只有专业水平的全国比赛才能有条件在室内体育馆的木板地上进行。地面较硬，特别是地面滑的问题一直是选手在竞赛中比较担忧的问题。地面滑，加之运动球鞋底薄，没有防滑措施，严重影响选手技术水平的发挥。选手在场上快速奔跑移动中经常无法"刹住车"，致使移动速度下降，竞争激烈程度受影响，对体能的要求也不突出。如今，科学技术和经济发展带动运动器材和场地设施也迅速发展。现在的高档羽毛球场地，木质地板的地面已被塑胶地面取代（即在木地板上再铺垫一层特殊 PVC 的塑胶地面），这种地面材料的革新，不但增加了场地柔软度和弹性度，而且摩擦力度大为改善。选手们在改进了的运动场地设施和运动器材的帮助下，在场地上发挥自如，不用再担心"刹车"问题，速度加快，弹跳力增高，竞争回合增多，对抗加强，从而使竞技水平大幅度提高。但同时，这一系列的发展与变化，对选手体能素质也相应提出了更高的要求。因为，在塑胶场地上比赛虽然选手移动速度加快了，球鞋的弹力增强了。但这一切的获得均与选手身体所付出的作用力成正比。塑胶地面需要作用更大的力，来克服摩擦力，气垫球鞋也同样需要作用更大的力，来获得反弹力。因此，对选手的身体素质要求更高，才能适应和保证运动负荷水平。

三、科学技术手段和科学化训练的发展变化对体能的影响与要求

科学技术的进步，为今天的竞技训练提供了坚实的后备保障。训练科学化程度的提高、训练手段的更新，促使选手们在训练中不断挖掘运动潜力，以满足竞技运动水平不断提高的需要。以摄像机为例，过去专业队在训练中使用摄像机的情况很少。一般情况下，摄像机只在科研所里用于科学研究，非常有限，根本无法普及和运用到训练和教学中。因此，过去的训练，以经验指导为主，很少依靠科学。如今，电脑和数码摄像机已普及社会各阶层，体育运动中更是借助现代丰富的研究手段来帮助选手提高运动技能。科研工作大力介入体育训练，教练员和运动员科学文化知识的学习力度增强，教练员拥有大专以上文凭的比例较大幅度提高。文化素质的提高，促使教练员整体综合素质较以往有很大的提高。在不断总结过去成功的经验和失败的教训基础上，

科研手段更新，设备和仪器发展，训练方法也不断获得更新和发展。科学化训练增强，对运动竞技训练的发展与提高起到了很好的促进作用。体育科研工作者、教练和选手们积极探索以往不敢涉足的领域，在科学技术手段的监控下，训练方法更加符合人体结构特点。训练负荷更加讲究科学性，训练效果好、效率高，选手身体素质的极限和潜能被不断挖掘，体能素质的提高促使竞技水平不断提高，运动寿命因此延长，运动抗争加剧。

四、科学技术的发展变化对体能的影响与要求

如上所述，科学技术的发展，促使当今世界羽毛球选手运动技能的高速发展。过去一些不可能运用的技术，现在普遍出现在羽毛球场上。选手的控球能力加强，击球力量越来越大，击球速度越来越快，击球落点越来越刁钻，击球变化也越来越多。技术水平提高，对羽毛球选手体能素质也提出了更高的要求。由于羽坛各国选手间差距在缩小，技术和心理对抗程度在增大，竞争在加剧，因此，对运动员的体能也提出越来越高的要求。优秀选手不但要具备娴熟、全面的技术，灵活、快速、多变的战术，而且要有良好的身体素质做保证。才能在紧张、激烈的比赛中，保证高超技术、战术水平的发挥。

综上所述，现代羽毛球运动中，身体素质能力对于一名优秀选手的影响力，占有越来越重要的位置。竞赛双方的选手除了个人技术、战术和心理素质能力的较量外，在很大程度上是身体素质能力的较量。身体素质作为决定选手成功四大重要因素中的一个重要因素，直接影响技术与战术的运用、心理信心的承受力，从而决定比赛的胜负。因此，要掌握羽毛球运动的规律并不断提高技术和战术水平，必须努力把提高身体素质能力，同发展技术、战术和心理素质放在同样重要的位置上，才能适应新时期高技术水平发展的需要。

第二节 羽毛球运动项目特点及体能训练的基本原则

一、羽毛球运动的项目特点

羽毛球运动是技巧性极强，以进行击球对抗的球拍类体育运动项目。1.55 米高的球网将羽毛球场地平分为两个半场，参加运动的双方，用羽毛球拍相互在空中击打共用的一颗羽毛球，将球从网上击入对方场区，以使球落地或是迫使对手击球出界为胜。竞赛没有时间限制，在规定的场地内，比的是羽毛球在空间运行的速度。因此羽毛球

运动项目的特点，大致可以总结为以下四点。

（一）非周期技能性特点

羽毛球的非周期性技术特点决定了其专项素质是非周期性的各项运动素质组合。在进行该项运动时，虽然就击球时的某一单个的击球手法和移动步法来看，是有一定规律的。但是受来球方向左右不定、来球的角度和弧度有高有低、来球距离有长有短和来球的力量有小有大等不定因素的影响。使来球的落点变化无常，因此运动中技术动作无固定规律，在其相关联的因素间没有固定和不变的模式，一切技术、战术都是在"动态"的状况下完成的。同一情况可以采用几种不同的解决处理方法，而且同一种情况，由于对手当时的状况不同，回击球对自己的影响也是不同的。

因为羽毛球有变速、非周期运动的特点，要求选手在场上有全方位的出击能力，在场上空间里身体前、后、左、右、上、下等的各个变化无常的位置状况下，选手从判断来球方向，到起动、移动击球这一短暂时间里，要运用快速、变速、变向和充分伸展身体的能力，向来球的各个方向运用交叉步、垫步移动，加以跨步、蹬跨步、蹬跳步、起跳等各种步法动作，才能击出漂亮、有威力的球。羽毛球运动这种非周期技能性特点，决定了强大的速度力量、速度耐力素质是这一运动的素质基础。

（二）比赛无时限特点

羽毛球比赛是三局二胜制，以最先得到规定分数的一方来定胜负，不受时间限制。大型世界比赛中，无论是单打还是双打比赛，选手双方实力相当，比赛中谁也攻不死谁的情况比比皆是，有时一个回合的竞赛就要打 100 多拍，拿一分都非常不容易，而且双方体力消耗巨大。这种发展趋势，使比赛变得更加艰苦，对选手身体素质的要求也就更高。

羽毛球竞赛方式要求选手具备在一两个小时的比赛中，随球忽快、忽慢不停移动、起跳、挥拍击球等较长时间的肌肉持续工作能力。这种素质与一般的长跑选手所具备的周期性运动耐力素质不同。它是一种与羽毛球运动特点相似的专门性速度耐力素质。如耐久力很好的长跑选手，在羽毛球场地上比羽毛球选手出现疲劳要快。因为长跑选手习惯于持续的周期性技术运动。而羽毛球选手则要求的是一种强度经常变化，并与速度和灵敏紧密结合的专门性的速度耐力。其变化幅度的强弱，则取决于竞赛双方选手的技术、战术质量。

（三）快速爆发力量特点

从羽毛球选手在场上身体运动的动作来观察，选手的上肢运动是通过手臂肌肉运动产生爆发力，并将这一力量经过羽毛球拍将球击出。下肢运动是下肢肌肉在力的作用下，迅速产生快速位置移动，使人体在短时间内达到一定的距离，协调上肢完成击球动作。因此这一运动方式特点决定了羽毛球运动员需要的力量素质，一方面必须与速度素质联系在一起，是一种动力性的速度力量，即爆发力。这种力量素质要求在短时间内产生快速强大的爆发性力量。下肢爆发性的起动蹬力，会加速身体的移动能力。上肢爆发性的手指与腕部力量，会使击球动作更加有力。另一方面，由于竞赛的无时限性，又要求这种速度力量具备一定的耐久性，因此在速度力量的基础上，还要发展耐力力量。

（四）瞬息万变特点

羽毛球以每小时 200 多公里的速度运动，在空间中运行的速度极快，对选手的灵敏性素质提出了很高的要求。选手在运动中表现出从一种动作状态，转变到另一种动作状态的速度是快或是慢，对来球的判断反应是否快捷和准确，都会直接影响控制与反控制中的主动权。因此，对某一项技术、战术的运用实施，都离不开选手的反应快、判断快、起动快、移动、蹬跳快、击球动作快、回动也要快，既要在变化莫测的瞬间判断来球的方向、迅速向来球方向移动击球。同时战术的变化也要快，要考虑根据对手的位置迅速决定回击的对策。所以羽毛球选手只有具备了这种快速灵敏素质能力和思维能力，才能在高速度的激烈竞争下立于不败之地。

二、身体素质在羽毛球运动中的重要意义

（一）身体素质是选手承担激烈比赛与训练的基础

由于羽毛球运动快速、灵活、对抗激烈、变化多端等特点，决定了选手良好的身体素质是承担激烈比赛和大负荷训练的基础。运动项目特点不同，对选手身体素质能力要求也不同。羽毛球运动速度快，竞争激烈，选手控制场地面积大，承担训练比赛的负荷也很大。以单打为例，场地全长 13.4 米，宽 5.18 米，一个选手实际控制的区域为 30 多平方米。据统计，在一场历时两个小时的高水平羽毛球比赛中，一个运动员必须在攻与守、控制与反控制的对抗中，忽左忽右、忽前忽后地完成各种急停、起动、移动、跨跳、挥臂击球等快速动作千余次。选手在运动中速度的快慢、力量的大小、耐力、灵敏等素质的好与坏，都直接对运动成绩的优劣起重要作用。双方在对抗中选手这种长时间内快速、突变、大负荷的运动方式，对选手的身体素质要求很高，没有良好身体素质做保证是不可能完成这种负荷的。体力问题一直是影响当今选手临场技术、战术水平发挥的一个重要因素。比赛初期，选手们由于体能状况好，能正常地发挥技术、战术水平，保持一定的速度。随着比赛激烈程度的不断加剧，选手体力消耗加大，尤其到比赛的最后关键时刻，也是争夺异常激烈的时刻，这时，选手们通常因体力不支表现出技术动作变形，主动失误增多。或速度明显减慢，受制于对方等，从

而造成比赛失利。因此，体力问题是当今羽毛球竞赛中普遍存在的问题，是选手们要征服的一个重要难点。目前，这一问题得到了国内外很多专业教练的认同，强调身体素质是一切训练的基础。

（二）身体素质是提高专项技术、战术的基础

身体素质能力是提高、发挥和保持竞技能力的先决条件。羽毛球技术跟战术水平的高低与身体素质能力的强弱有着密切的关系，选手身体素质能力强，能促进和有利于掌握复杂、先进的技术、战术。相反选手的身体素质能力弱，即使有好的技术，但身体素质跟不上，技术和战术的发展最终会受到限制。技术跟战术水平与专项素质水平是成正比的，技术、战术水平高的选手，通常也具备相应的专项素质能力。

然而体能与技术、战术因素间的相互影响又是相辅相成的。一方面战术不全面，对体能的消耗必然就大。例如，该攻的时候要攻，不该攻的时候也要强攻，这样体力消耗大，效果也不好，基本技术粗糙、不到位，多余的动作给自己带来无谓的体能消耗。另一方面由于技术不到位，控制球不好，自己调动不了对方，反而被对方调动，场上移动面大，加重体力的耗费。反之，选手的战术运用正确得当，过渡球、进攻球处理巧妙，基本技术细腻、简练，控制球好等，可以节省体力消耗，弥补身体素质上的不足。

（三）身体素质能力对减少运动损伤和延长运动寿命有重要意义

如果我们身体承受负荷的能力不强，负荷后有机体出现疲劳，身体素质的薄弱部位就容易出现运动损伤，从而影响运动寿命。加强体能训练，提高身体运动素质，能增强抵抗运动损伤的能力，减少或避免运动性损伤。同时，身体素质能力的提高是依靠选手有机体形态改变和机能提高来实现的，因此，身体素质训练水平越高，身体结构改变越深刻，选手机体的运动机能水平也就越高，保持专项技术、战术运动能力的时间也就越长。

（四）身体素质训练过程是培养选手顽强意志力的重要手段

身体素质训练过程是挑战极限的过程。选手在训练过程中承受负荷越大，身体结构改变越深刻，身体突破极限程度越大，体能素质水平提高也就越快。然而，这一训练过程对于承受者来说是很艰苦的。一方面训练负荷大，需要有极强的毅力来战胜自己，克服身体在训练中的惰性。另一方面身体训练往往动作单调、枯燥乏味，比较其他训练而言，大多数选手很"怕练"身体素质。因此，身体素质训练除增强和提高运动素质外，还可以作为一种锻炼和增强选手意志力的重要手段。

（五）良好的身体素质是选手树立信心的重要保证

训练方法、手段的不断进步和完善以及选手机能体质的全面提高等，促使现代羽

毛球运动竞技水平向着越来越高的方向发展。体现出选手技术、战术越来越完善，对抗速度也越来越快。世界级选手的技术、战术全面，几乎没有什么明显的弱点。竞赛中仅靠一两拍就轻易击破对手的情形已经不存在，取而代之的是每一分的争夺都非常艰苦，往往需要通过反复多次的控制与反控制的较量才能获得。如果选手没有良好的身体素质做保障，体力跟不上这种竞技的需要，在场上经不住多拍的调动与对抗，就会因体力不支而失去与对手周旋和对抗的信心，导致急躁情绪产生，主动失误增多，出现不攻自破的局面。因此，如果我们训练有素，有充足的体能保障，就能够增强与对手抗战的信心，使运动员有耐心、有决心、有能力与对手周旋到底。

三、羽毛球选手身体素质训练的基本原则

（一）科学性原则

科学的训练方法与选手的成才率有至关重要的关系。训练合乎科学规律，选手的运动竞技能力提高迅速，成才率高。在羽毛球选手的身体素质能力训练中，至少要处理好三方面关系：

一是一般身体训练（也就是全面身体训练）和专项身体训练的关系。一般来说身体素质是运动的基础，专项身体素质则直接为提高专项技术水平服务。在训练中，这两种身体素质训练的比例安排要视选手的实际素质状况、训练年龄以及训练水准的高低来定。

二是身体训练和身体素质发展敏感期的关系。掌握身体素质发展敏感期规律，是选手身体素质训练取得良好训练效果的重要保证。身体素质一般包括力量、速度、耐力、灵敏和协调等方面，每一项体能素质都有其发展的敏感时期，安排训练内容要遵循这一规律，围绕各种素质发展的最佳时期，有目的、有重点地进行。如少儿时期的身体素质的训练，可重点安排一些柔韧性、协调性、灵敏和速度素质的练习，避免大力量和大强度的耐力素质训练。青少年时期的身体素质训练，可重点发展力量和耐力素质。训练中根据身体训练和身体素质发展敏感期的基本规律，科学地选择训练方法、训练手段，并有针对性地安排好各位选手、各个时期和各个训练层次上的身体素质的训练，使训练更合乎科学性、逻辑性、针对性和实用性，有利于收到良好的训练效果。

三是身体训练与负荷的关系。科学合理地安排运动负荷，是提高运动水平的重要因素。运动负荷指人的有机体在训练及比赛中所承受的生理负荷量，它由运动强度、时间和数量等关联因素组成，并通常受动作质量的影响。运动中动作质量好，负荷质量高，否则同样的负荷状态下，由于动作质量不好，从而使运动负荷受到影响。负荷强度大的训练，容易引起选手机体反应强烈，同时也给机体留下深刻的"刺激痕迹"，

随后出现的超量恢复也就更明显，人体机能水平也提高显著。由于人体机体能力提高不是直线上升的，而是呈波浪形前进的运动规律，身体素质训练中的运动负荷量要循序渐进地加大，再经过一段时间的巩固，待身体适应了此种负荷量后，再逐步加大。具体负荷数量的安排以大、中、小合理交替进行，避免体能训练中身体处在疲劳过度的状态下进行。衡量负荷量适宜标准是身体在一定的疲劳情况下，仍然处于适度的兴奋状态，从而不断提高和扩大工作能力。因此，运动负荷量的安排应遵循"加大—适应—再加大—再适应"这一基本规律。通常在训练期里，身体素质训练采用数量多、强度小的形式进行。而在竞赛期，则采用练习时间短、数量少，但强度大的形式。

（二）系统性原则

优异的运动成绩，是选手在多年从事不间断地、长期地系统训练的过程中，随着身体素质的提高和技术动作的完善而获得的。因此，为使选手取得较高的技术跟战术水准，从基础全面身体素质训练开始，就要有长期的、全面的、系统的、不间断的、循序渐进的训练思想。在这一训练思想指导下，练习的初始阶段，在选手身体素质基础较弱，机体的承受能力较差的状态下，身体素质训练内容必须由浅入深，由易到难，由简到繁。训练的负荷量也由小到大，由轻到重。到高级训练阶段，经过多年的严格训练，选手机体已产生适应性的变化，能承受专门化训练时，可以大力加强专项性身体素质能力的训练。进入顶尖水平训练阶段，随着选手训练年限的增长，应注意加强保护身体素质训练的内容。

（三）因人而宜原则

因人而宜原则运用到羽毛球选手的身体素质能力训练中，指依据每位选手的具体情况来确立训练任务，安排训练内容。合理运用因人而宜原则，对提高教学训练质量有着重要意义。无论是一个班、一个队，还是一个群体里，每位选手都具有不同的特点，如年龄、个性、特长、训练水平、原始身体条件和成长环境等。因此，在教学训练中，要注意针对选手的这些不同特点，从教学训练的任务、要求、内容、负荷量和训练方法手段等方面选择上，都要考虑这些客观因素，区别对待，遵循因人而宜原则。随着训练年限的增加，训练客观因素起变化，教学训练的任务、要求、内容、负荷量和训练方法手段等方面也要注意相应地改变。这就需要训练指导者，对选手的身体情况、训练水平以及身体素质能力等方面的实情要了解、分析，并研究选手的个体差异。制订身体素质训练计划要依据每一位选手的具体实际情况，既要考虑到整体的统一要求，又要考虑到个人的不同特点和不同要求，真正做到因人施教，区别对待。这样拟定和安排的训练任务、指标、内容、方法和练习手段才会更加切合实际，具有更好的教学训练效果。

（四）全面性和专门性训练相结合原则

羽毛球选手的全面性身体素质训练是指运用各种身体练习的方法和手段，使选手身体各器官的机能得到普遍提高、身体形态得到全面改善、身体素质能力得到全面发展，为日后提高羽毛球专项运动技能打下坚实基础。羽毛球选手专项身体素质能力训练指在身体素质训练的手段和方法上，采用与羽毛球运动特点及技术动作相同的方式，利用协调机制相似性规律，辅以专项专门的辅助性练习，提高羽毛球专项所需要的机体能力，发展羽毛球运动专项所需的身体素质能力。

机体内各器官、各系统机能之间的活动是相互联系、相互制约的，当各器官、各系统机能都相应得到提高时，有机体的工作能力和承受负荷能力才能得到全面提高。全面身体素质训练是进行专项运动训练的基础，选手训练初级阶段，还没有接受正规的严格训练，身体素质能力较薄弱，因此这一阶段应重视全面身体素质的发展，为将来打好基础。如果在这一阶段的教学训练，过分地强调专项身体素质能力的训练与提高，则会使选手局部肌肉负荷过重，出现疲劳，从而导致损伤。因此，只有具备一定的全面身体素质能力，才能加快进行提高专项身体素质能力的训练。

通过加强专项身体素质的训练，选手在短时间内能使专项所要求的专门素质得到较快发展，从而使专项运动成绩得以提高。然而，当技术水平提高到一定的程度以后，通常其他素质又会出现相应的不足，或是机体内各器官再次出现不协调，从而使技术水平出现暂时的停滞现象。这时专项身体素质训练必须在全面身体素质训练的基础上，二者合理地紧密结合，再次加大负荷刺激，打破机体旧的平衡状况，建立新的平衡体系，适应技术水平达到新的高度所需要的新的体能基础要求，将运动技术水平提升到新的高度。

全面身体素质训练与专项身体素质训练相结合原则，应根据选手的训练时限和训练水平的不同，在训练的内容和比例上应有所不同。原则上对于训练水平越低、年龄越小的选手，全面身体素质训练应多一些，以发展全面基础的身体素质的训练为主，发展其专项身体素质能力的训练为辅，其重点是打好全面身体素质的基础。对于训练程度高、年龄相对较大的选手，专项身体素质训练的比例应相对大一些，但全面身体训练也不可停止。

第三节 羽毛球运动员的基础体能训练

羽毛球选手的身体素质训练内容包含基础身体素质训练和专项身体素质训练两方面。基础身体素质训练指发展在完成运动动作时，人体所需要的各种素质能力，通常包括力量、速度、耐力、灵敏和柔韧五方面。基础身体素质训练是专项身体素质训练的基础，专项素质训练是提高运动成绩的关键。

以下介绍一些羽毛球运动的全面基础身体素质训练的方法。

一、羽毛球运动员基础力量素质训练

发展力量素质对人体的形态结构、能量代谢、神经系统调节能力的改善以及植物性机能协调的改善都有良好的作用。少年时期，由于神经系统和骨骼肌肉发育时期还不成熟，表现出年龄越小，力量素质也就越差。因此力量训练根据训练者年龄特点的不同，训练的方法和要求也应有所不同。一般情况下，少年儿童启蒙阶段的力量训练重点应该是全面的，以基础力量素质训练为主，为全面身体素质提高创造条件。随着身体发育和运动水平的提高，进入成人时期，力量素质训练重点可突出专项性，加强羽毛球运动员专门性力量的训练。力量素质训练有上肢力量、下肢力量和躯干力量（包括基础力量训练和专项力量训练两部分）。

（一）上肢基础力量练习

1.上肢六项哑铃操练习

用哑铃进行上肢力量训练，是初学者发展力量素质的一种有效方法。根据不同的年龄，使用不同重量的哑铃，选择不同的练习负荷。重量大，负荷次数可以相对少一些；重量小，负荷练习次数可以相对多一些。哑铃的重量通常有 3、5、7、10 磅不等，负荷次数可以安排 10×3 组、15×3 组、20×3 组和 30×3 组等。

（1）哑铃头上推举练习。

（2）哑铃胸前推举练习。

（3）哑铃体侧平举练习。

（4）哑铃体前平举练习。

（5）哑铃扩胸练习。

（6）哑铃体侧提收练习。

根据上面规定的练习次数，上肢哑铃操可采用两种负荷方法进行：一种采用重量较大哑铃负荷，每一项内容只做 1 小组，全部六项内容完成为 1 大组，共练习 3 或 6 大组。另一种负荷是选用重量较小哑铃，每一项内容做 3 小组，六项内容完成为 1 大组，共练习 2 至 3 大组。但此数据仅供参考，实际训练中应根据选手实际情况而定。

2.上肢静力性练习

利用负荷重量小的哑铃，做静止的力量练习，其目的是发展各大肌肉群的绝对力量。

（1）哑铃体侧平举静力练习。

（2）哑铃体前平举静力练习。

（3）手腕静力对抗性练习。

（4）肩静力支撑练习。

静力性练习时间可视个人具体情况采用 30 秒至 1 分钟不等。

3. 上肢 15 ～ 20 公斤杠铃练习

利用杠铃发展上下肢体协调工作能力练习和爆发力量练习。

（1）抓举提铃练习。

（2）小臂体前屈伸练习。

（3）前后分腿跳挺举练习。

4. 卧推举练习

5. 杠上练习

（1）背卧撑练习。

（2）俯卧撑练习。

（3）引体向上练习。

（4）杠上静力支撑练习。

（5）双杠屈撑练习。

（二）下肢基础力量练习

1. 下肢各种跳跃练习

初学者发展下肢力量，一般采用各种姿势的弹跳练习方法。如果要增加负荷，可用沙衣进行。

（1）蹲走跳练习。

（2）全蹲向上跳练习。

（3）收腹跳练习。

（4）纵跳摸高练习。

（5）单腿蹬跳高凳或台阶练习。

（6）双脚跳越障碍物练习。

2. 下肢杠铃负重练习

利用杠铃来发展下肢肌肉群的绝对力量练习和爆发力量的练习。

（1）半蹲起跳（注意脚弓的蹬地爆发力）练习。

（2）全蹲起练习。

（3）提踵练习。

（4）静力半蹲练习。

（5）弓箭步跨步练习。

3.力量练习游戏

运用游戏的形式进行力量练习，以增加练习的趣味性。

（1）推车练习：两腿被同伴抬起当作车子的扶把，以两手支撑身体向前爬行练习。

（2）爬走练习：除手脚着地外，身体的其余部分不许触地，向前爬行进行练习。

（3）大象走练习：模仿大象四肢着地的动作，以同侧手脚同时迈一步，异侧手脚再同时迈第二步，以此方法交替进行练习。

4.发展局部肌肉练习

设计一些针对性较强的练习，以发展局部小肌肉群的力量。

（1）直立站立，双手扶持一个牢固物，脚腕绑上沙袋重物。以一条腿后屈成90度，反复练习一定次数，再更换另一条腿持续反复练习，以发展股二头肌力量。

（2）坐在凳子上，脚背上绑上沙袋重物，双腿由弯曲到伸直上举，或以单腿轮换伸直上举，连续练习一定次数，以发展股四头肌力量。

（3）直立，两手叉腰，脚背上绑上沙袋重物，大腿带动小腿做前后向或是侧向交叉摆腿动作，以发展大腿的内、外侧和腰部肌肉的力量。

（三）躯干基础力量练习

1.杠铃负重练习

采用负重15～20公斤的方法练背肌。练习者平躺或俯卧在两条凳子上，将身体中部悬空，把重物放在身体的悬空部位，此种姿势静力支撑数分钟。

2.箱上或垫上练习

（1）俯卧在跳箱上，脚后跟勾住肋木架，胫背部放上沙袋等重物做屈体后仰练习，借以发展躯干肌肉群的背部肌肉力量。

（3）仰卧在跳箱上，脚腕勾住肋木架，手持重物或是徒手做仰卧起坐练习。此项练习同样可以在垫上练习。

（4）侧卧在跳箱上，脚腕勾住肋木架，手持重物或是徒手向体侧做侧卧起练习。此项练习同样可以在垫子上进行。

（5）背卧起：俯卧在跳箱上，脚腕后跟勾住肋木架，手持重物或是空手做屈体后仰练习。此项练习同样可以在垫子上进行。

二、羽毛球运动员基础速度素质训练

速度素质指选手在运动中所表现出来的快速运动的能力。速度素质在羽毛球运动中具体表现为反应速度、动作速度和位移速度等三种不同形式。速度素质的好坏取决于中枢神经系统的节律转换的调节能力和肌肉的力量能力。羽毛球选手的速度素质发展较早，少年儿童时期是发展速度素质的重要时期。此时的速度素质训练以基础速度素质训练为主，结合专项特点，注重发展选手快速的反应能力、起动变向的移动速度以及完成各种击球技术动作的动作速度等能力。在实战训练课中，速度素质训练应安排在课的开始阶段，这时身体尚未感觉疲劳，速度训练会取得良好的效果。下面就反应速度、动作速度和位移速度等基础速度介绍一些训练方法。

（一）反应速度练习

视听反应速度练习

（1）听口令转身起动跑练习：背向起跑线，可以采用蹲式、坐式和站式等各种起跑姿势，当听到信号后立即起动转身向前冲刺跑。

（2）看手势起动跑练习：以手势代替起跑口令。看到手势后立即起动向前冲刺跑。

（3）听信号变速冲跑练习：行进中慢跑准备，当听到信号后立即向前或是改变方向进行冲刺跑。再次听到信号，开始慢跑。当再次听到信号后，开始冲刺跑，以此方法反复进行练习。

（二）动作速度练习

1. 快速跑台阶练习

（1）一级台阶快速小步上下往返跑练习。

（2）二至三级台阶大步交叉蹬跨跑练习。

（3）一级台阶单脚快速跳练习。

（4）一级台阶双脚快速跳练习。

2. 下坡冲跑练习

选择有一定倾斜度、平坦的坡，进行短距离下坡冲跑练习，以强迫加快步频速度。

3. 快速超越障碍物练习

以快速动作，迂回绕过60米距离中放置的障碍物或以快速跨越动作越过有一定高度的障碍物。

4. 曲线跑游戏

在地上画两条相同的曲折小路，沿着线跑，不许踏线和踏出线外，根据终点犯规次数的多少判定胜负。

（三）移动速度练习

1. 各种距离的直线冲跑练习

（1）10米冲刺跑练习。训练速度从静止到迅速起动的能力。

（2）30米加速跑练习。训练起动跑后速度持续增加的能力。

（3）60米途中跑练习。训练将达到的最快速度保持一定距离的能力。

（4）200米、400米中距离跑练习。此项练习主要提高速度耐力的能力。

2.往返冲跑练习

（1）来回跑练习

采用距离不等，如5米、8米、10米或是15米的距离进行数次来回冲跑练习。这个练习要求跑至终点时，不能降低速度，应保持最快的速度立即转身。为了保持速度不降低，练习时冲跑的距离不宜过长，往返次数也不宜过多。

（2）10米向前冲跑和后退跑练习

从起点快速跑至终点，又由终点后退跑回起点，如此反复练习。

（3）10米左、右两侧并步跑练习

以右脚在前，左脚在后并步跑至终点。又以左脚在前，右脚在后并步跑回起点。这个动作可用两种姿势进行，一种是腿部较直的姿势跑，另一种是以半蹲的姿势跑，但无论以何种姿势跑均要求以最快的速度完成。

3.接力跑练习

（1）把选手分成若干组，每组人数相等。听到口令后各组的第一位选手开始向终点冲跑，当跑至终点时，再绕过终点标志往回跑。当跑回起跑线自己同伴的身边时，拍一下同伴，同伴以同样的方式开始下一轮冲跑，以此方法继续进行，以优先跑完组为胜。

（2）把参加训练的学员分成两组，每组6人，在地上画两条垂直的平行线，两线之间相距2米。分别将两组学员间隔一定距离，排成纵队站在起跑线上。听到起跑令后，站在最后的选手拿着球依次绕过队友跑到队前，再立即把球抛给本组的最后一名选手，该选手接到球后再开始第二轮跑，依次进行。以先完成传球组，并在跑的过程中没有触及本组队友为优胜。

三、羽毛球运动员基础耐力素质训练

基础耐力素质是运动的基本素质，根据运动强度和运动中能量供应的特点，耐力素质可分为无氧耐力和有氧耐力。下面就如何发展羽毛球选手的基础耐力素质，提供一些训练方法：

（一）各种中等距离或长距离跑步练习

1.400米、800米中距离跑步练习：保持一定的速度，发展速度耐力。

2.1000～5000米不等长距离跑步练习：发展耐力。

3.长距离变速跑练习：在相当距离内，如2000米、3000米和5000米以上的不等距离内，采用快慢交替的速度，进行变速跑步练习。

4.越野长跑练习：在郊外，规定一定的时间和距离，进行长跑练习。

（二）各种上下肢和躯干力量耐力练习

参考力量素质练习中上、下肢和躯干力量的练习内容，依据各自的具体情况，采用小重量、多次数的方法进行练习，以发展力量耐力素质。

四、羽毛球运动员基础灵敏素质训练

由于羽毛球选手必须在 35 平方米的场地上进行各种急起、急停、前后左右移动、转向、回动、跳跃等快速挥臂击球动作，因此，灵敏素质对羽毛球技术水平的提高有至关重要的影响。下面介绍一些简便易行的基础灵敏素质训练方法：

（一）抛接羽毛球练习

1.将球向上抛起，下蹲用手指触地后，再迅速站起用右手接住球。练习中可采用游戏方式进行练习：如进行连续接 10 次球比赛。以协调配合好、完成速度快者为优胜。

2.右手持球，抬起右腿，右手将球从抬起的右膝下向左上方抛起，再用左手接住。

3.两臂侧平举，右手把球向左侧方向轻轻抛过头顶，左手接住球后，再用左手把球抛回给右手。

4.左臂向前平举，用右手把球从左臂下面向上抛起，再用右手接住球，连续做数次后，再换左手做同样的练习。

5.用右手把球向上抛起，同时身体原地跳起向左转体 360 度，然后接住球。再换左手向上将球抛起，同时身体原地起跳向右转体 360 度后，再接住球。

6.单脚站立，同侧手把球从背后经肩膀上方抛向身前，然后用抛球手接球，接球后才能把提起的脚放下。换另一只脚站立，以另一只手做同样的抛球接球练习。

7.两脚左右开立，上体前屈，一手持球经胯下把球从背后抛向身前，然后身体快速站直把球接住。

8.在地上画一个直径 3 米的圆圈，用持拍手边跑边拍击羽毛球，沿着圆圈顺时针跑三圈，再逆时针跑三圈。跑的时候全身上下要协调配合，双脚既要踏在线上，手上也不准丢失球。

9.在地上画 1 米长的直线，两头各放一个球，选手持球站在线的中间，把球向上抛起后，迅速弯腰拾起地上左右两侧的两个球，然后再接住落下的一个球。

（二）灵敏游戏练习

1.持球过杆练习：在长 20 米的直线上插上 10 个杆，练习者做抬球曲线过杆接力跑练习。

2.踢球过人练习：相距 6 米，两端各站一名选手，中间 3 米处站一名练习者。进攻的双方力争将球踢过练习者，迫使其防守不到球。而练习者则力争截击攻过来的球。

3. 圈内截球练习：练习者围成一圈，根据练习的人数，圈内可以进一人或两人。圈外的人在圆圈空间范围内将球来回传递，圈内选手要设法截击，若触到球就算截击成功，被截住球的传球者则被换下，罚进圈内，继续练习。

4. 掷小沙包击人练习：在一个长8米、宽4米的场地内站着守方选手，攻方选手则站在场地纵向的两端，用小沙包击打守方选手。如守方选手身体的任何部位被沙包击中，则被罚下，直到全部选手被罚至场下为止，守方和攻方选手再交换攻守练习。

（三）应变能力练习

1. 过人游戏练习：一人设防，一人突破。在地上画一条6～10米的横线，两端做好明显标志，线两边各站一人，一方进攻，一方防守。进攻者设法越过横线而不被对方触到身体，防守者则不让对方越过横线，以伸开的两臂拦阻对方。双方移动仅在6～10米的横线内。

2. 抢球练习：分成两个组进行练习，一组传接羽毛球，另一组则设法抢劫羽毛球，看哪一方控球时间长。要求控球者不能长时间抱球不放，而必须适时地传球给同伴。

五、羽毛球运动员基础柔韧素质训练

柔韧素质指人体各关节活动时肌肉和韧带的弹性和伸展度。柔韧性训练，一般在一定量的热身活动后进行，这样既不至于拉伤韧带，又能循序渐进地使身体各部韧带的韧性得到发展。另外，进行柔韧练习时应注意最大限度地拉长韧带，练习效果才好。

（一）拉长身体各部位韧带练习

1. 俯背屈体练习：两足左右开立与肩同宽站立，两臂斜上举，距离稍比肩宽。上身尽量前屈，双手先在左膝后面拍掌，再换成右膝后做同样的动作。

2. 伸展练习：两足左右开立与肩同宽站立，两臂在胸前水平屈，掌心向下，上体向左转，两臂同时向两侧伸开，然后再向右侧做同样的动作。

3. 振臂练习：直立站立，上体微前屈，两臂后振，然后恢复准备姿势，反复练习。

4. 俯背触摸脚尖练习：两足左右开立，比肩稍宽站立，两臂自然下垂。上体前屈，以左手指尖触摸右脚尖处，再以右手指尖触摸左脚尖处，俯背交叉触摸脚尖练习。

5. 体侧屈伸练习：两足左右开立与肩同宽站立，两手触肩，上体向左侧屈，右臂向上伸直，向左侧做侧屈伸练习。再以相同的动作，向右侧相反方向做右侧屈伸练习。注意手臂向上时要伸直。

6. 转腰练习：两足左右开立与肩同宽站立，两手扶后脑，上体反复向左、右两侧做转体动作练习。先向右转，再向左转。

7. 跳跃练习：两足左右开立与肩同宽站立，两臂侧平举，跳跃两次，然后两足并拢，双手在头顶上拍两下，同时再跳跃两次。反复以此方法做该动作练习，要求有一定频率。

8.俯背前屈运动：脚跟并齐，足尖分开，两手扶后脑。上体向左屈一拍，再继续加强一拍，同时两臂伸直。以此方法向右侧做相同动作的练习。

（二）拉（压）韧带练习

正面压腿练习，侧面压腿练习，后压腿练习，劈叉练习，拉压肩练习，下腰练习。

第四节 羽毛球运动员的专项体能训练

一、羽毛球运动员专项力量素质的训练

羽毛球运动对力量身体素质的特殊要求，决定了选手的专项力量素质应以发展速度力量和耐力力量素质为主。选手在具有一定绝对力量的基础上，重点发展该方面的素质，以保证其在长时间的比赛中能够有完成各种技术动作和正常发挥各种战略战术的基础。同时，注意发展快速爆发力量。因此，选手在进行基础力量素质训练的同时，应着重进行一些负荷强度小、速度快、重复次数多的速度力量和耐力力量训练。具体在训练中可采用减重量加次数的练习负荷方法，由基础性的大力量训练逐步转入专项所需要的小负荷爆发速度和耐久力量性训练。

专项力量素质的训练以动力性练习为主。练习过程中，总次数不可太多，但强调单位时间内速度要快，出现单位时间内速度下降，如练习重点是以发展爆发速度力量为主，可以立刻停止或是转换其他内容的练习；如该项练习重点是以发展耐力量为主，则要求选手尽力保持速度，坚持下去。另外在进行专项力量素质练习时，还应该适当地穿插一些跑跳、灵敏、韧性和协调性的训练，对发展速度专项力量十分必要。

（一）上肢专项力量练习

1.六项哑铃操练习

（1）哑铃小臂头后举练习。

（2）哑铃两臂上下"8"字绕肩练习。

（3）哑铃小臂屈伸练习。

（4）哑铃手腕屈伸练习。

（5）哑铃体前手腕绕"8"字练习。

（6）哑铃体前小臂挥动"8"字练习。

以上动作每一动作练1小组，6个动作依次循环完成为1大组，每次练4至6大

组或视个人实际情况而定。

2.拉皮筋练习

用一条有一定拉力的粗橡皮筋，将其一头揽牢在固定物上，另一头持拍手以持球拍方式握住，用各种羽毛球击球技术的相似动作进行拉皮筋练习。

（1）肩上小臂屈伸动作练习（类似上手击球动作）。

（2）体侧肩上小臂前后摆动练习。

（3）体前小臂屈伸练习。

（4）体前大臂展收练习。

（5）手腕屈伸练习。

（6）正、反手小臂快速抽击动作挥臂练习。

（7）反手击高球动作挥臂练习。

3.沙瓶或羽网球拍挥拍练习

以废弃塑料饮料瓶装满沙子和小重量哑铃为负荷物或是用羽毛球拍和网球拍交替做以下击球相似动作的练习，以发展上肢击球力量。注意握拍方式应与实战击球握拍方式相同。

（1）手腕屈伸练习：持拍手手持负荷物或是羽网球拍，直臂举至肩上方，小臂和手肘均不移动，仅以手腕快速做前后屈伸练习。注意进行该项练习时，手肘如出现弯曲和移动现象，则效果不好。

（2）小臂屈伸练习：持拍手手持负荷物或是羽网球拍，屈臂举至肩上方，此时手肘以下的大臂部位固定不动，只是小臂和手腕部分以手肘为轴心，做小臂前后快速屈伸练习。注意当手臂伸至肩上方最高点时，手腕要配合做击球内旋转动作。

（3）后场击高球或是杀球动作挥拍练习：持拍手手持羽网球拍做高球或是杀球击球动作的挥拍练习。此项练习可以原地击球动作挥拍练习，也可以结合后场起跳的转体击球动作做挥拍练习。但要求有一定数量并规定保持一定的挥拍速度。

（4）体侧正、反手抽球动作挥拍练习：持拍手手持负荷物或是羽网球拍，在体则做正、反手抽球击球动作挥拍练习。

（5）小臂前后快速挥臂练习：持拍手手持负荷物或是羽网球拍，置于体侧肩以上部位，以肩为轴心，快速做小臂前后摆臂练习。

（6）手指、手腕环绕练习：持拍手手持负荷物或是羽网球拍，于体前固定位置，分别以腕或以肘为轴心，用手指或手腕交替做环绕挥动练习。

（7）反手高手击球动作挥拍练习：持拍手手持负荷物或是羽网球拍，置于体侧左肩上方，做反手高手击球动作挥拍练习。

4. 小实心球投掷练习

面对墙壁或是俩人相距 8 ~ 10 米站立，持拍手持小实心球，以羽毛球后场相似的击球动作投掷小实心球练习，以发展手指、手腕的爆发力量。注意投掷时发力的顺序是上肢通过大臂带动小臂，最后运用手腕、手指的力量将球投出，爆发力越强、距离越远、力量越大越好。

（二）下肢专项力量素质练习

1. 沙衣或沙袋负重下肢跳跃力量练习

（1）全蹲向上起跳练习。

（2）双腿收腹跳练习。

（3）单、双脚向前、向后、向左、向右跳跃练习。

（4）单、双脚全力向上纵跳练习。

（5）弓箭步前后交叉腿跳练习。

（6）弓箭步左右两侧并腿转髋跳练习。

（7）单、双脚蹬台阶跳跃练习。

（8）左右转髋跳跃练习。

此项练习如有条件，也可以在沙坑里进行，效果会更好。

2. 跳绳练习

（1）单、双足跳绳练习：依据个人实际情况，练习时间可采用 15 分钟、20 分钟、30 分钟或 1 个小时不等。练习中可适当增加负荷，利用沙衣或沙袋负重跳绳练习，以发展足踝关节的力量。

（2）双足双飞摇跳练习：完成规定次数，相对较长时间的双飞摇跳练习，以发展上肢手腕和下肢的速度力量和耐力力量。练习负荷可采用 150 次 ×6 组，或是连续完成总数 600 ~ 800 次的双飞摇跳练习。

3. 杠铃负重练习

（1）脚弓蹬跳练习。

（2）左右脚蹬高练习。

（3）交叉弓箭步跳跃练习。

（4）原地左右蹬跨弓步练习。

（三）躯干专项力量练习

1. 实心球练习

（1）躯干前后屈仰练习：俩人一组，相互间隔 1.5 米左右，背对背站立。持实心球做上接下传前屈后仰动作的传接球练习。

（2）左右转体练习：俩人一组，相互间隔 0.5 米左右，背对背站立。俩人持实心球做相反方向（即一人向左，一人向右）的转体传接球练习。要求转体时双脚不能移动，仅上体快速左右转动，速度越快越好。

（3）抛掷实心球练习：俩人一组，相距 10 米左右，面对面站立。双手或单手做肩上抛掷球练习。要求运用类似鞭打的动作将球抛出，抛掷距离越远越好。

2. 发展腰部肌肉练习

（1）左右正踢腿练习：练习时注意前踢腿向上踢的快速爆发力，另一支撑腿踝部要配合前踢腿做向上垫踝动作。

（2）左右侧踢腿练习：练习时注意侧踢腿向上踢，髋部同时做侧转体运动。另一支撑腿同样配合侧踢腿向上做垫踝动作。

（3）左右后踢腿练习：后踢腿向后踢的同时，上体做后仰动作。腰部前俯后伸练习：两腿与肩同宽靠肋木站立，一手扶住肋木，持拍手辅助腰部做前俯后伸练习。练习中往后仰时，尽量以持拍手摸足跟部。前俯时，持拍手由后仰向前上方用力，带动腰部以类似后场击球做大弧度的仰挺收腹动作。大力发展腰部力量和韧性。

二、羽毛球运动员专项速度素质训练

速度素质是羽毛球专项身体素质训练的核心。羽毛球技、战术风格中的头一条规定："快"，就是通过不同形式的速度来充分体现的。简单地说，羽毛球竞赛就是以不同形式的速度竞赛决定胜负。因此，羽毛球运动专项速度素质训练，主要是围绕发展该项运动所需要的快速反应速度、起动加速度、变向移动速度、挥臂速度和前后场配合的连续速度等方面进行的。

羽毛球运动的速度耐力，主要指在长时间的比赛或训练中，始终保持速度素质充分发挥的一种能力。根据羽毛球专项运动的特点，在速度的训练中，在提高绝对速度的同时，应注意速度耐力的培养，以发展无氧和有氧的变速能力，保证比赛中一定时间内持续快速的工作能力。下面就羽毛球运动专项速度素质训练方法做些介绍：

（一）专项反应速度练习

1. 视听反应速度练习

（1）场地步法：听或看手势信号做快速全场移动步法，以及前场、中场和后场各种分解和连贯步法练习。

（2）看手势进行各种向前、向后、向左右两侧的场地并步、垫步步法练习，以提高选手的反应速度。

（3）击球挥拍动作练习：听教练喊 1、2、3、4 数字口令，选手做出相应的事先规定好的击球动作。

（4）起动步法练习：选手听或看信号做起动步法练习，提高判断反应速度。

（二）专项动作速度练习

1. 多球练习

（1）多球快速封网练习。

（2）多球双打快速接近身杀球练习。

（3）多球双打快速平抽快挡练习。

（4）多球前场快速接吊、杀球练习。

2. 快速跳绳练习

（1）单足快速变速跳练习：采用 1 分钟快，1 分钟慢的小密频步、高抬腿、前后大、小交叉步等专项动作，快速变速跳练习。

（2）1 分钟快速双飞摇练习：1 分钟内以最快速度完成双足双飞摇跳，要求突出的是速度，以次数多者为佳。

3. 击墙壁球练习

（1）封网动作快速击球练习：面对平整墙壁 1 米左右站立，在头前上方以小臂手腕的封网动作，向墙壁快速连续地击球。

（2）接杀球击球练习：面对墙壁，用接杀挑球或平抽球动作，快速向墙壁连续击打体前腰部上下位置的球。

4. 快速挥臂练习

（1）摆臂练习：用类似抽打陀螺的动作做快速摆臂练习。

（2）扑球练习：用多球快速抛近网小球，做正、反手快速推球或扑球练习。

（3）挥羽毛球拍练习：按信号或节拍做各种快速挥拍动作练习。

（4）快速击球练习：运用多球，缩小场地距离，做各种位置快速击球练习。

5. 下肢快速频率练习

（1）原地快、慢变速高频率小密步踏步练习。

（2）原地快、慢变速高抬腿练习。

（3）原地快、慢变速向前向后屈腿踢练习。

（4）原地快、慢变速转髋练习。

（5）原地快、慢变速左右体前交叉跳练习。

（6）原地快、慢变速向前垫步接向后转体练习。

6. 跨越障碍物练习

酌情选择一定障碍物，摆放成直线或是斜角，选手可以用各种跑跳姿势快速穿越或跳越这些障碍物。

（三）专项移动速度练习

（1）直线进退跑练习：由场地底线开始快速全力向前冲跑至前场网前，跨步用手触网后又迅速后退至底线做起跳击球动作，然后再向前跑，依次反复进行。

（2）左右两侧跑练习：练习者面向球网，用接杀球步法向右移动触地后，迅速退回中心位置，又用向左侧移动的接杀球步法向左侧移动触地，依次反复进行练习。

（3）低重心四角跑练习：用上网步法向前、后四个角快速移动。

（4）杀球上网步法练习：快速连续左右跳跃扣杀、快速杀球上网步法。

（5）场地四方跑练习：沿长方形半块球场边线跑，在角上变换方向要快。

三、羽毛球运动员专项耐力素质训练

羽毛球运动中所需要的专项耐力不是诸如长跑体能运动项目等所需的长时间的持续耐力，而是一种在快速的反复运动前提下进行的间隔时间长短不一的速度耐力。比赛中数百次的反复快速起动、移动，完成击球动作，这种持续的快速运动贯穿整场比赛的始终。羽毛球运动特点对选手的无氧耐力，也就是速度耐力能力要求极高。速度耐力素质在羽毛球运动中起着极其重要的作用。因此，专项耐力素质的训练，应以发展强度高、间歇短的速度耐力为主。常用的练习方法是：

（一）速度耐力练习

1.跑步、步法练习：200米、300米或是400米全力冲跑后，没有间歇地立刻进行45秒或是1分钟全场步法练习，两项练习完成为一组。组与组之间可间歇2~3分钟，一堂教学训练课依据个人情况不同，可进行2组、3组、5组不等的负荷练习。

2.各种长时间的综合跑跳步练习：内容见专项灵敏素质练习，只是加长练习负荷的时间。

3.长时间的单、双足跳绳练习：采用专项速度素质训练中的跳绳内容，加长练习负荷时间。

（二）综合步法练习

1.手势指挥各种步法，如网前上网步法、中场接杀步法、后场后退步法和全场范围的综合步法练习等。

2.场地上低重心四角跑练习，加大负荷密度和强度。

3.场地前后跑练习，掌握好练习密度和强度。

4.场地左右跑练习，控制好练习负荷量。

5.长距离、长时间的场地四边跑练习：在一定范围内，选手听到信号后迅速转身向相反方向跑。

6.10～15米或15～20米短距离往返跑练习。

注意练习时要加大练习的数量和时间，以达到速度耐力训练的目的。

（三）多球耐力练习

运用多球，进行全场各种位置的连续击球练习。

1.多球后场定点连续大力击高吊杀练习。

2.多球连续被动接吊杀练习。

3.多球连续全场杀球上网练习。

4.多球双打后场左右连续杀球练习。

5.多球全场封杀球练习。

6.多球全场跑练习。

（四）单打持球各式进攻防守练习

运用5至6个球，一人专门负责捡球，当失误出现时，不间断地立即再次发球，使主练选手保持规定时间内连续地移动击球。

1.“二一式”20或30分钟全场进攻练习。

2.“三一式”30分钟全场接四角球和接吊杀球练习。

3.“三一式”“四一式”半场或全场防守练习。

四、羽毛球运动员专项灵敏素质训练

羽毛球在空中飞行速度快，方向变化大，对运动者身体的灵活性提出了特殊的要求。下面介绍一些提高羽毛球运动员专项灵敏素质的常用练习方法。

（一）上肢灵敏练习

1.上肢接球练习

（1）快速、变向地用手接前半场小球练习。

（2）快速左右前后一步腾空步接球练习。

（3）快速手接身体上下、左右和前后球练习。

2.持拍上肢灵敏练习

（1）手持球拍柄，用手指做捻动拍柄或转换拍柄的练习。

（2）手持球拍做抛接球拍练习。

（3）持拍绕环练习：双手持拍体侧前方位置做同侧向前、向后大绕环练习，或是双手异侧大绕环练习，即一只手向前绕环，另一只手同时向后做大绕环。此项练习也可用相同的方法，以肘为轴做小绕环练习。

（二）各种综合跳绳练习

变换各种姿势进行跳绳练习。跳绳练习是发展羽毛球专项素质能力的一种行之有效的手段，它不仅可以加强大小腿、踝关节和手腕的力量，而且对发展上下肢协调的灵敏素质很有帮助。另外，跳绳练习方法较简单，且不受场地限制，只要有一条尼龙跳绳即可进行练习，是世界各国羽毛球选手常选的专项身体素质练习方法之一。

1. 前后小交叉步、大跨步交叉跳练习。

2. 高抬腿跳练习。

3. 双脚前、后、左、右跳练习。

4. 起动步法跳练习。

5. 左右脚单足花样跳练习。

6. 左右向外、向内转髋跳练习。

以上各种动作可根据自己的情况，选择 20 分钟或是 30 分钟练习。也可以采用变速形式练习：1 分钟全力快速跳练习后，再进行 40 秒左右的慢跳调整，然后又开始下 1 分钟、另一动作的快速跳练习，以此交替反复练习。

（三）下肢综合跑练习

1. 小步跑练习。

2. 高抬腿跑练习。

3. 后蹬跑练习。

4. 后踢腿跑练习。

5. 左右向前、左右向后垫步跑练习。

6. 左右侧身并步跳练习。

7. 前后交叉步侧向移动跑练习。

8. 双脚向后跳练习。

9. 体前交叉转髋练习。

综合跑练习可选用 30 米的距离进行。每一个动作来回重复两次，连续完成以上全部内容为一组。具体练习组数视个人情况掌握。

（四）髋部灵活性练习

1. 左脚为轴，右脚向前向后做蹬步转体练习。

2. 前后交叉起跳转体练习：连续的后场起跳击球动作练习。

3. 原地转髋跳练习：髋部连续向左向右转。当髋部向右转时，右腿向外旋，左腿内旋，两脚尖方向一致向右，身体面向前，上体保持平衡，仅下肢转动。髋部向左转时，左腿外旋，右腿内旋，两脚尖方向一致向左。

4.高抬腿交叉转髋练习。

5.收腹跳练习。

6.左右蹬跨跳练习。

7.小密步垫步前后蹬转练习。

8.半蹲向前、后、左、右转体垫步移动练习。练习时，在短距离内视信号快速变换方向。

五、羽毛球运动员专项柔韧素质训练

羽毛球运动中，各种位置击球的动作，均要求选手各关节活动的幅度和范围要大，肌肉和韧带的伸展度要好。选手柔韧素质的好坏，直接关系到协调性的好坏，也直接影响到运动中运动员完成各种技术动作的质量。常用的专项柔韧素质练习方法有以下三种：

（一）发展上肢各关节韧带伸展性练习

1.双手握住球拍的两端举到头顶，然后屈臂后翻，再前翻，做快速向前、向后的绕肩练习。

2.腕部柔韧练习：手腕以屈伸、外展、内收等动作，顺时针、逆时针转动绕环练习。

3.持拍做肩部大绕环练习。

4.持拍做小臂绕环练习。

（二）发展下肢各关节韧带伸展性练习

1.俯背屈仰练习：俩人背向站立，相距一米左右，持实心球做俯背前屈、后仰传接实心球练习。

2.拉跟腱练习。

3.踢腿练习：快速正向、侧向和后向的踢腿练习。

4.弓箭步跨步练习。

（三）发展腰部柔韧伸展性练习

1.绕环练习：两腿与肩同宽直立，左前、右前、左后、右后、左侧、右侧做伸仰接球动作练习。

2.转腰练习：俩人背向站立，相距一米左右，持实心球做左右转体传接球练习。腰部运用头顶被动击球动作做快速后伸前屈练习。

第五节　羽毛球运动员体能评价的基本内容与方法

身体素质能力的训练在羽毛球选手的培养过程中占据重要的位置。选手在系统的、多年的训练过程中，如何对其身体素质能力进行控制，就需要相应建立一套客观的、量化的评价标准，将选手身体素质能力的发展控制在一定的水平上。根据羽毛球运动的专项特点对选手身体素质的要求，运用一些专门的、有针对性的内容与方法，对选手在从事羽毛球运动时所需要的专门力量、速度、灵敏、耐力和韧性等素质进行评价。

所谓专门的运动素质是指各项素质都具有羽毛球运动的特点，如力量素质反映在上肢手法的击球力量和下肢步法的蹬跳步等技术动作的威力上；速度、韧性素质体现在上下肢在场上的快速挥臂和迅速移动能力，以及进行运动时肌肉关节的伸展幅度和协调上；耐力素质则体现在选手在场上快慢间歇，长时间、大强度的对抗竞争中。羽毛球选手的身体素质评价体系应围绕上述特点进行。本文所示的评价参考标准均出自原国家体委羽毛球训练大纲，仅供参考。各层次选手在实际训练中要根据自身实际情况参考运用。

一、评价羽毛球运动员爆发力素质的内容与方法

（一）羽毛球掷远

1. 羽毛球掷远测试方法

选手左脚在前，右脚在后（左手持拍者相反），站在规定的起始位置上，用持拍手握持羽毛球，屈膝伸臂，以近似鞭打的动作全力向前方抛掷羽毛球。抛掷距离越远，成绩越好。选手可掷三次，或是五次，取舍其中成绩最远次，测量起始线至球托着地点后沿之间的垂直距离。

2. 评价参考标准

优秀：女子青少年：9.10～9.35米。

男子青少年：9.96～10.20米。

良好：女子青少年：8.59～8.97米。

男子青少年：9.48～9.84米。

合格：女子青少年：8.34～8.47米。

男子青少年：9.24～9.36米。

（二）双杠双臂屈撑

双杠双臂屈撑用来测量选手肩背和大臂部位的肌肉力量。

1. 测试方法

选手双手支撑于双杠上，双臂进行屈撑运动。标准是：屈臂时大臂与小臂间角度必须近似90度，大臂与肩部几乎平行，计算一次。选手不计时连续运动，以一次性运动次数多者为优秀。

2. 评价参考标准

（三）握力

1. 握力测试方法

采用握力器，来测量选手持拍手臂部、手腕和手指部位的肌肉力量。具体方法是选手以持拍手全力握捏握力器，握力大小以公斤计算，一次性握力公斤数多者为优秀。

2. 评价参考标准（握力器显示公斤数）

优秀：女子青少年：39 ～ 41公斤。

男子青少年：60 ～ 64公斤。

良好：女子青少年：35 ～ 38公斤。

男子青少年：53 ～ 59公斤。

合格：女子青少年：33 ～ 34公斤。

男子青少年：50 ～ 51公斤。

（四）立定跳远

立定跳远主要测试下肢爆发力。

1. 测试方法

选手两脚自然开立，站在起跳线后，屈膝、摆臂、蹬地全力向前方纵跳，落地时以双足着地。测量起跳线与双脚着地点后沿之间的直线距离，距离越远者越好。每人跳两次，取成绩好的一次。

2. 测试参考标准（米）

优秀：女子青少年：2.33 ～ 2.38米。

男子青少年：2.85 ～ 2.94米。

良好：女子青少年：2.22 ～ 2.30米。

男子青少年：2.68 ～ 2.84米。

合格：女子青少年：2.17 ～ 2.20米。

男子青少年：2.59 ～ 2.63米。

（五）纵跳

纵跳主要测试下肢爆发力量。

1.测试方法

选手两脚自然开立，屈膝、摆臂、蹬地全力向上方纵跳，然后以双足着地。测量从地面至起跳脚尖之间的距离高度，以距离高度高者为优秀。

2.测试参考标准（厘米）

优秀：女子青少年：54 ~ 57 厘米。

男子青少年：74 ~ 78 厘米。

良好：女子青少年：48 ~ 52 厘米。

男子青少年：66 ~ 72 厘米。

合格：女子青少年：46 ~ 47 厘米。

男子青少年：62 ~ 64 厘米。

二、评论羽毛球选手速度素质的内容与方法

（一）50 米冲刺跑

1.测试方法：选手于起始线起跑准备，听到口令后迅速起跑并全力加速向终点方向跑。计时员看见或听见信号时开表计时，当选手胸部至终点时停表，计算时间，以时间短者为成绩优秀。

2.测试参考标准（秒）：

优秀：女子青少年：7 秒 3 ~ 7 秒 5。

男子青少年：6 秒 4 ~ 6 秒 6。

良好：女子青少年：7 秒 4 ~ 7 秒 8。

男子青少年：6 秒 6 ~ 6 秒 9。

合格：女子青少年：7 秒 9。

男子青少年：7 秒 0。

（二）100 米跑

1.测试方法

选手于起始线起跑准备，听到口令后迅速起跑并全力加速向终点方向跑。计时员看见或听见信号时开表计时，当选手胸部至终点时停表，计算时间，以时间短者为成绩优秀。

2.测试参考标准（秒）

优秀：女子青少年：14 秒 2 ~ 14 秒 5。

男子青少年：12 秒 ~ 12 秒 3。

良好：女子青少年：14 秒 7 ~ 15 秒 2。

男子青少年：12 秒 5 ~ 12 秒 9。

合格：女子青少年：15 秒 3 ~ 15 秒 5。

男子青少年：13 秒 1 ~ 13 秒 2。

（三）5 次直线进退跑

1. 测试方法

选手站在双打后发球线后面，听到口令后（同时开表），采用上网步法直线上网。当前脚踏至或者超过前发球线后，再用后退步法直线后退至双打后发球线以外。当脚踏至或者超过双打后发球线时，为完成一次进退跑。依次反复进行往返跑动 5 次。第 5 次完成后停表，计算时间，以时间最短者为优秀。

2. 评价参考标准（秒）

优秀：女子青少年：13 秒 4 ~ 13 秒 6。

男子青少年：13 秒 4 ~ 13 秒 6。

良好：女子青少年：13 秒 7 ~ 14 秒 3。

男子青少年：13 秒 7 ~ 14 秒 3。

合格：女子青少年：14 秒 6 ~ 14 秒 9。

男子青少年：14 秒 6 ~ 14 秒 9。

（四）5 次左右两侧往返跑

1. 测试方法

选手站在中线处，听到口令后（同时开表），采用向右侧移动的步法至单打边线处，用持拍手触摸单打边线后，面向球网，迅速返回中线处。再采用左侧移动步法移至左侧的单打边线处，用持拍手触摸单打边线后又迅速返回中线处，为完成一次左右两侧往返跑。以此再开始下一轮的左右移动跑，如此反复进行 5 次，当第 5 次完成时停表，计算时间，以时间最短者为优秀。

2. 评价参考标准（秒）

优秀：女子青少年：13 秒 5 ~ 14 秒 9。

男子青少年：13 秒 5 ~ 13 秒 9 之间。

良好：女子青少年：15 秒 1 ~ 16 秒 0。

男子青少年：14 秒 1 ~ 15 秒 2 之间。

合格：女子青少年：16 秒 3 ~ 16 秒 7。

男子青少年：15 秒 3 ~ 15 秒 7。

三、评价羽毛球选手耐力素质的内容与方法

（一）400 米、1500 米或 3000 米跑

1. 测试方法

选手位于起始线做起跑准备，听到口令后迅速起跑并全力加速向终点方向奔跑。计时员看见或听见信号后开表计时，当选手胸部冲过终点线时停表，记录时间，时间最短者成绩最好。

2. 评价参考标准

（1）400 米跑评价参考标准（分、秒）：

优秀：女子青少年：1 分 06 秒 ~ 1 分 08 秒。

男子青少年：55 秒 ~ 55 秒 6。

良好：女子青少年：1 分 09 秒 ~ 1 分 12 秒。

男子青少年：56 秒 4 ~ 58 秒 8。

合格：女子青少年：1 分 13 秒 ~ 1 分 14 秒。

男子青少年：58 秒 8 ~ 1 分。

（2）1500 米跑评价参考标准（分）：

优秀：女子青少年：4 分 56 秒 ~ 5 分 07 秒。

男子青少年：4 分 22 秒 ~ 4 分 32 秒。

良好：女子青少年：5 分 12 秒 ~ 5 分 28 秒。

男子青少年：4 分 36 秒 ~ 4 分 51 秒。

合格：女子青少年：5 分 34 秒 ~ 5 分 39 秒。

男子青少年：2 分 28 秒 ~ 2 分 30 秒。

（3）3000 米跑评价参考标准（分）：

优秀：女子青少年：11 分 13 秒 ~ 11 分 35 秒。

男子青少年：9 分 41 秒 ~ 10 分 02 秒。

良好：女子青少年：11 分 46 秒 ~ 12 分 19 秒。

男子青少年：10 分 12 秒 ~ 10 分 43 秒。

合格：女子青少年：12 分 30 秒 ~ 12 分 41 秒。

男子青少年：10 分 53 秒 ~ 11 分 03 秒。

（二）10 次低重心场地四角跑

1. 测试方法

选手站在羽毛球场地中心位置，听到口令后（同时开表），用低重心上网步法向

左右前场方向快速移动，当手触摸边线与前发球线交接点后，迅速后退回到场地中心位置，再从中心位置用低重心上网步法向左右后场方向快速移动，用手触摸边线与双打后发球交接点后，又再次退回中心位置。以此方法连续进行10次低重心场地四角跑，当最后一次（第10次）手触摸交接点后停表，记录时间，以时间短者为优秀。

2. 评价参考标准（秒）

优秀：女子青少年：20秒2～20秒6。

男子青少年：17秒5～18秒。

良好：女子青少年：20秒8～21秒4。

男子青少年：18秒2～18秒9。

合格：女子青少年：15秒1～16秒0。

男子青少年：21秒6～21秒8。

（四）12分钟跑

通过12分钟跑该项目测试选手在运动中呼吸系统和心血管系统的耐力水平。无氧供能是羽毛球选手在比赛中的主要供能方式。无氧能力越强，越不易出现乳酸堆积，从而使选手能够较长时间地保持较大强度的运动。

1. 测试方法：略。

2. 评价参考标准：略。

（五）一分钟快速仰卧起坐

1. 测试方法

该项目能测量选手腹肌的力量耐力。选手仰卧在垫子上做好准备，听到口令后，开始开表计时和计次数。选手在一分钟内全力快速仰卧起，每一次坐起动作上体与下肢的角度必须不超过90度，才能算完成一次，以此计算选手的卧起次数，一分钟后停止运动，选手单位时间里次数多者为优秀。

2. 评价参考标准（次）

优秀：女子青少年：73～77次。

男子青少年：74～77次。

良好：女子青少年：66～71次。

男子青少年：67～72次。

合格：女子青少年：62～64次。

男子青少年：63～65次。

四、评价羽毛球选手灵敏素质的内容与方法

（一）一分钟单摇跳绳或双摇跳绳

1. 测试方法

选手每跳跃一次摇绳一圈为单摇，每跳跃一次摇绳两圈为双摇，分别记录一分钟内最快跳绳次数。测试过程中连续记录成功跳绳次数。如出现绳绊脚现象，除不计失误数外，应继续进行后面成功的计数，直至一分钟为止。无论单摇或双摇，都以成功次数最多者为优秀。

2. 一分钟单摇跳绳评价参考标准（次）

优秀：女子青少年：174 ~ 178 次，男子青少年：178 ~ 182 次。

良好：女子青少年：160 ~ 172 次，男子青少年：170 ~ 176 次。

合格：女子青少年：150 ~ 155 次，男子青少年：160 ~ 165 次。

3. 一分钟双摇跳绳评价参考标准（次）

优秀：女子青少年：135 ~ 140 次，男子青少年：140 ~ 146 次。

良好：女子青少年：126 ~ 133 次，男子青少年：127 ~ 136 次。

合格：女子青少年：122 ~ 124 次，男子青少年：120 ~ 124 次。

（二)20 秒一米十字跳

1. 测试方法

用粉笔在地上画一米长宽的正方形十字。测试选手双脚与肩同宽，自然站立准备。当听到口令后（同时开表），双脚快速向前、向后、向左、向右的顺序沿画线跳跃，以单位时间内完成跳跃次数最多者为优秀。

2. 评价参考标准（次）

优秀：女子青少年：59 ~ 63 次，男子青少年：51 ~ 53 次。

良好：女子青少年：50 ~ 57 次，男子青少年：46 ~ 50 次。

合格：女子青少年：46 ~ 48 次，男子青少年：44 ~ 45 次。

五、评价羽毛球选手柔韧协调素质的内容与方法

（一）劈叉

1. 测试方法

选手正面将两腿前后分开做正向劈叉动作，或是将腿左右分开做侧向劈叉动作，这是测试选手下肢关节韧带的指标。以劈叉幅度最大者为优秀。

2. 评价参考标准（厘米）

优秀：男子青少年，女子青少年：劈叉双腿与地面平行。

良好：男子青少年，女子青少年：劈叉双腿与地面相差 10 厘米。

合格：男子青少年，女子青少年：劈叉双腿与地面相差 15 ～ 20 厘米。

（二）躯干前屈后伸

1. 测试方法

选手两脚与肩同宽自然站立，快速后仰俯背做躯干前屈后伸动作。前屈时以手触摸前脚尖，后伸时用手触摸脚后跟部。以单位时间内（30 秒或是 1 分钟）屈伸次数最多、幅度最大者为优秀。以测试躯干的柔韧协调能力。

2. 评价参考标准

（三）蹬跨、跳跃幅度

1. 测试方法

选手向前做一步蹬跨步，再向后做一伸展跳跃步，以动作幅度大、距离远者为优秀。

2. 评价参考标准

（四）肩绕环

1. 测试方法

选择一条长度为 80 厘米的绳子，选手双手握住绳子两端，举至头顶位置。直臂后翻绕肩，再向前绕肩回至原位。测量两手间握绳的距离，以距离短者为优秀。

2. 评价参考标准（厘米）：

优秀：男子青少年，女子青少年：两手间握绳距离在 80 厘米以上。

良好：男子青少年，女子青少年：两手间握绳距离在 90 厘米以上。

合格：男子青少年，两手间握绳距离在 1 米以上。

长期的羽毛球运动实践证明，经常系统地进行上述各种羽毛球运动身体素质训练，一方面可以有效地提高羽毛球运动的专项身体素质，从而全面提高羽毛球技战术水平。另一方面可以增强人体的正常机体素质，提高人体的抗疲劳能力。成长中的少年儿童，进行正确的身体素质训练，能使其内脏器官和身体形态得到协调发展，有利于身体正常的生长发育；而对于成年人来说，身体素质能力增强，既能降低运动中各种伤病的发生概率，又能提高人体的机能水平，获得良好的体质，提高学习和工作的效率。

优秀羽毛球选手在运动中各项体能素质间是有关联和相互影响的。因此，对选手的身体素质要求必须全面发展。如果其中一项素质发展不均衡，则会影响或限制选手专业技术、战术的提高。

第八章　羽毛球运动损伤研究

第一节　羽毛球运动中肩袖损伤

羽毛球运动是一项大众的运动项目，是灵活、非周期、爆发力较强的体育运动。本节简述了肩袖的基本概念，并在羽毛球运动过程中出现肩袖损伤的原因进行了简单的分析，提出在羽毛球运动过程中肩袖损伤的预防和处理措施。因此，本节中提出的预防和处理羽毛球运动过程中出现的运动损伤对羽毛球爱好者有一定的认识和借鉴意义，并能够科学地进行羽毛球运动，降低羽毛球运动带给爱好者的运动损伤。

羽毛球运动是迅速启动、瞬间急停的运动项目，在运动中很容易造成关节损伤如肩关节、膝关节、腕关节等，因此在运动的过程中难免会造成关节的损伤。所以在运动之前需要做好准备活动，降低肌肉的黏滞性、提升肌肉的伸展性、增强肌肉的灵活性，缓解运动对关节的损伤。同时要了解和学习造成运动损伤的原因和预防的方法，及时地处理损伤对生理、心理造成的影响。

一、肩袖的结构

肩袖是包绕在肱骨头周围的一组肌群，肱骨头的前方为肩胛下肌，上方为冈上肌，后方为冈下肌和小圆肌，这些肌腱的运动帮助完成肩关节前伸、外环和上举等活动，最主要的是，这些肌腱将肱骨头稳定于肩胛盂上，对维持肩关节运动和稳定有着关键的作用。

二、肩袖损伤的原因

（一）损伤知识匮乏

运动者出现肩袖的运动损伤和运动者知识水平有较大的关系，由于缺少运动损伤方面的知识和预防意识，在一定条件下，会造成运动损伤。

（二）准备活动不规范

在羽毛球运动过程中，如果热身活动不够充分会造成肩袖损伤。调查得知，由于热身活动不充分造成的肩袖损伤比例占总数的 20% 以上。做好准备活动能够提高运动神经的兴奋，降低肌肉的黏滞性，提高肌肉的韧性和弹性，使身体的各项系统达到较好的状态，进而促使身体机能转入运动机能，预防运动损伤的出现。

（三）运动量过大、局部负担重

爱好者在运动过程中若运动量过重、局部负担较大，很容易造成运动损伤。随着羽毛球的快速发展，运动者越来越多，运动的次数、强度增加。因此，为了避免肩袖损伤，在运动过程中，应该注意运动的强度，学会运动与锻炼二者有机结合。同时在运动结束后，学会放松休息。

（四）生理、心理状态较弱

爱好者出现损伤和运动者的生理、心理状态有一定关系，如果运动者的心理状态不佳，如抑郁、急躁、情绪化等，会造成运动者的羽毛球技术发挥不佳。如挥拍和击球位置出现错误，架拍动作不合理等，也很容易造成运动损伤。

（五）运动者水平有限

运动者的羽毛球技能水平对肩袖损伤有一定的影响。部分羽毛球运动者接触羽毛球时间不长，有些技术动作掌握不够熟练，但对羽毛球有较高的运动兴趣，很喜欢和球友一起运动。使得运动量变大，可能会对关节有一定的伤害。

（六）肩关节力量较弱

由于运动项目的特点，羽毛球运动对肩关节要求很高，在运动的过程中，肩关节是关键，挥拍和击球都离不开肩，因此肩关节受到的磨损最大。若肩关节力量减弱，会造成肩关节疼痛从而演变成运动损伤。

三、处理肩袖损伤的方法

（一）关节固定

若在运动时出现急性损伤的情况，应及时对损伤处进行固定，仰卧休息。同时尽量让上肢固定不动，降低肩关节肌肉活动。

（二）冰敷

急性炎症时疼痛剧烈，应卧床休息，并将上肢外展 30 度，减小和降低组织胺的扩张，减缓肌肉的疼痛感和肿胀感。减少损伤部位血栓的集聚，可以达到减低组织创伤程度和加快组织修复的目的。

（三）按摩

通过对患处进行按摩，对人体的神经体液调整功能施以影响，从而达到消除疲劳，调节体内信息，活血化瘀消肿止痛的目的。

（四）外用喷剂

使用云南白药气雾剂及其他外用喷剂，用于肌肉酸痛、肌肉拉伤等症状。

（五）物理治疗

依据损伤的不同程度分别选用紫外线照射、人工太阳灯。同时也可以用针灸。

（六）手术

若损伤严重，情况危急，立即送往医院进行手术治疗。

四、预防肩袖运动损伤的措施

（一）根据自身情况控制运动强度

在羽毛球运动中会有专业技能需求超过自身力量及局部力量时导致的运动损伤。在羽毛球运动中通常会注重技能的学习，由于羽毛球运动项目的特点，对局部力量的要求较高，因此持续时间过长进行羽毛球运动，会对局部关节的损伤较大。同时在羽毛球运动的过程中需要根据自身运动能力进行适当的强度，当运动强度较大时，要分配好体能。若强度过大要进行适当的休息和补充能量。及时调整自己的体力，降低呼吸频率，缓解运动疲劳，从而控制自己的运动强度，预防运动带来的损伤。

（二）学习羽毛球运动知识

在羽毛球运动前适当地做好准备活动，提高呼吸系统、运动系统的能力，并且降低肌肉黏滞性、提高肌肉的弹性及伸展性。熟悉羽毛球运动技能提升运动能力。只有做完准备活动把身体热开才可进行运动。通常慢性的运动损伤和运动前的准备活动和预防知识缺失有一定的关系。因此在羽毛球运动前需要加强对羽毛球知识的学习，提高对羽毛球运动的认识。学会预防运动损伤的发生。同时运动后要及时地放松身体，降低疲劳感、缓解肌肉酸痛也是预防运动损伤的有效手段。

（三）有意识地加强力量训练

羽毛球运动过程中有意识地加强力量训练有利于减少运动损伤的发生。有意识地加强身体素质锻炼，不仅可以提高肌肉的力量、速度、爆发力，还可以提高运动者的运动耐力和频率。静力训练也是针对受伤的身体部位所采用的最有效的康复方式。预防肩袖损伤的关键要加强肩关节肌肉的柔韧和力量锻炼。站姿90度肩外旋、弹力带90度肩外旋拉伸练习。也可采用静力练习法或动力练习法、动静力综合结合的练习方法进行训练，在运动后应及时进行肌肉放松练习。

（四）正确选择运动环境和条件

选择良好的运动环境很重要，一般羽毛球运动选择在室内的球馆即可，良好的运动环境有利于提高运动能力和兴趣，羽毛球运动需持拍，球拍的重量和羽毛球拉线的磅数对每一个人都不尽相同，因此需要适合自己的羽毛球拍。还需要一双合适的球鞋，羽毛球球鞋外观上低帮、鞋底耐磨，具有较强的抓地力，可以有效地防止运动过程中造成摔跤。由于球鞋是低帮，可以满足羽毛球运动时身体的灵活性。最后在羽毛球运动中建议穿短衣短袖，热身时可以多穿点，提高身体温度。同时运动时尽量不戴首饰，都有利于预防损伤的发生。

羽毛球运动者在进行运动时，首先要增强爱好者的运动意识、学习意识。其次掌握羽毛球的运动技能，以及在运动前做好准备活动，进行热身。最后在运动时运动量过大就要及时休息，补充能量。同时应该加强身体素质的锻炼，增强肌肉的力量和身体协调性；熟练掌握运动技巧和方法，减少动作失误造成的肩袖损伤。

第二节 羽毛球教学中意外损伤

我国社会经济的飞速发展，为羽毛球运动带来了机遇，羽毛球已经成为人们日常生活中不可缺少的部分，且是深受学生的喜爱和追捧的运动，然而在羽毛球教学中意外损伤事件经常发生，这对学生身心健康发展是十分不利的。因此，本节就这些问题做出分析并提出以下预防措施，希望最大限度上降低意外损伤对学生的伤害。

一、羽毛球教学中发生意外损伤的原因

羽毛球教学中频繁发生意外损伤的原因可以从以下方面进行分析。首先，意外损伤往往与动作、身体状态以及运动环境等诸多因素有关。而常见的运动损伤主要有肩关节、肘关节、手腕、背部、肌肉、跟腱和踝关节的损伤，很多学生在训练时常常违反体育原则，例如，运动前期的热身准备活动不充分、带病以及疲劳训练，这些都是致使自身身体容易受到损害的关键因素。其次，很多学生缺乏一定的运动训练知识且盲目参加训练，在不了解自身身体状况的情况下使得运动负荷过大，盲目参加训练和进行超负荷运动都会造成自身关节出现扭伤、肌肉拉伤以及韧带拉伤问题，从而使自身的身体受到极大的损坏。除此之外，很多学生的运动动作不规范也是造成身体受到损伤的原因，一味盲目追求高难度很容易使学生发生意外运动损伤，以上情况都是教

学中经常出现且需要教师采取有效措施来解决的。

二、预防羽毛球运动中意外损伤的有效措施

（一）做好羽毛球运动热身环节

为了使羽毛球运动发挥作用以及降低意外损伤，教师应引导学生做好羽毛球运动热身环节。首先，热身环节应包括头部运动、膝关节运动、压腿运动、脚踝运动、手臂运动、肩关节运动、腰部胯部运动等。在做头部运动时头向下低时下颌紧贴胸骨，让后颈部位的肌肉有一种被拉伸的感觉，再将头向后仰，尽量将身体保持直立姿势。膝关节运动时引导学生将双手放在膝盖上且头向下，然后慢慢做出下蹲的动作再慢慢站起来。此环节比较重要，倘若没有做好膝关节运动很容易引起损伤。其次，在运动前应先舒展四肢，压腿时尽量将腿绷直向下压腿，左右腿都要进行同样的反复操作，同时还要在站立的姿势下双手自然垂直向下压，进一步使四肢变得不再紧绷且收放自如。而转颈、弯腰、弓背、压腿、扭胯以及适当的慢跑也是热身过程中不可缺少的，只有将热身环节做到位，才能让学生全身的血液活跃起来，从而满足羽毛球运动时各个部位血液的供应，也可以有效减少因缺氧而造成的意外损伤发生。

（二）注意保护肩关节、肘关节

随着羽毛球在教学中的广泛应用，很多学生都会反映自己的肩关节有损伤，而这种问题出现的主要原因是学生姿势不正确。因此，笔者认为要想减少肩关节、肘关节的损伤，教师应加强对学生羽毛球姿势的指导。首先，教学中必须规范学生击球的姿势，并加大对学生肩部力量的训练力度，因为适当的肩部训练对学生是有利的，通过在肘关节部位施加适当的重量物品使其平举至与肩膀一致的高度，持续 1 ~ 2 分钟就可以起到拉伸的作用，可以进行 4 ~ 6 组的训练且每组间歇时应注意呼吸的放松，而在放松时自身的肩部还应保持正压及前后绕环的练习强度。其次，当肩关节和肘关节出现损伤时，我们可采用俯卧静立支撑方法来缓解疼痛感，而最主要的作用则是加强自身此部位的力量。为此，教师在课堂教学中应引导学生保护肩关节、肘关节，平时练习过程中也应结合自身的实际情况量力而行，切不可做超负荷的运动以免造成损伤。

（三）注意保护手腕、背部、肌肉损伤

在羽毛球运动中手腕、背部、肌肉损伤是较容易出现的损伤问题，这也正是羽毛球的技术要求，不管是击打扣还是挑、勾球都是需要借助这些部位力量来完成一系列动作的。因此，笔者认为在教学中要想降低这些部位损伤对学生的影响，教师应引导学生做出正确的动作，正确的动作也是预防意外损伤的有效方式。首先，我们可用小

哑铃或者其他带有重量的物体来改善手腕力量，通过坚持做腕部练习不仅可以增加腕部力量，同时还可以增强学生腕部的灵活性。教师还应根据不同学生的承受能力来选择最佳的训练力度，对于体能较强的学生可以适当加大训练难度，使其综合体能以及技能得到大幅度提高；而对于身体状况较弱的学生则可以选择适合他们的训练方式，进一步在确保所训练的内容在学生体能承受范围内，使其综合技能逐步得到提高。其次，背部、肌肉拉伤，可以采用冷敷的方式进行初步治疗，其中教师应注意的是应在学生出现拉伤问题的 24 小时内迅速用冷毛巾或者冰袋进行冷敷，进一步使学生受伤部位的毛细血管收缩，从而有效减轻局部充血和疼痛感。

（四）注意预防跟腱和踝关节损伤

跟腱和踝关节损伤在羽毛球教学中也十分常见，出现这种问题的主要原因是人们长期进行高强度训练。因此，笔者认为要想降低跟腱和踝关节损伤对学生的影响，教师应注意预防跟腱和踝关节损伤，避免加强训练。首先，我们可以在增强学生大腿肌肉力量训练时，适当地增加学生肌肉伸展度的训练力度，进一步使其腿部肌肉力量变强，例如，在学生进行杠铃负重时应引导学生注意腿部前后交叉跨步的练习，并在左右脚步加强负重且脚向前、向后、向外侧方向进行提腿练习，还可以在学生运动过程中让其使用弹力绷带来保护自身的跟腱和踝关节，或者是采用静力半蹲来增强学生这些部位的力量。其次，教师还应加强学生肱四头肌力量的训练，它的强与弱都会影响学生运动中所能够承受的负荷力，只有加强对肱四头肌力量的训练才能减少意外损伤，比如，教师在对学生加强力量的练习时，可以引导学生将膝关节屈伸的角度进行调整，并慢慢将角度增加大到不超过 90 度，同时应控制学生的练习时间，尽量不要练习过长的时间以免增加学生的负担，从而实现提高羽毛球课堂教学质量以及减少意外损伤的目的。

综上所述，羽毛球运动不仅是一项充满激情的运动，更是提高学生身体素质使其获得快乐的途径，这也正是羽毛球备受人们青睐的重要原因。然而在教学过程中学生经常会发生意外损伤，这对学生身心健康发展是不利的。因此，教师应寻找有效的预防措施来降低损伤对学生的影响，从而全面提高课堂教学质量。

第三节　羽毛球项目运动损伤

为了羽毛球运动得以快速全面健康发展，提升民众运动兴趣参与度并加强注重自身健康损伤保护，通过查询文献资料法，提出建议，以降低运动损伤概率，提升损伤后恢复速率与效果，并对已有的文献资料进行梳理和分析，研究结果表明：（1）上肢由于发力方式击球动作长期紧张等原因易于造成损伤。（2）躯干部分由于步伐错误、柔韧不足导致损伤。（3）下肢可能由于步伐过急、技术动作错误、过度疲劳与长期磨损导致。（4）羽毛球运动损伤以预防为主，加以按摩冰、热敷治疗，并加以休养，调整状态等待恢复。

一、羽毛球运动员上肢损伤现状

在羽毛球运动中，上肢肩部损伤是一种常见的损伤，张跃玎等人在北京体育大学羽毛球 110 名专修学生中调查到肩部损伤人次占比达 18.71%，肘部损伤人数占比为 4.56%，腕部损伤占比为 4.56%，也就是说在此次调查中羽毛球运动员持拍手损伤占比达 27.83%。刘开物等人在 1995 年于成都举行的"羽毛球大比武"期间，对参赛的 8 个省市及解放军羽毛球队的男女共 121 名运动员进行了运动损伤情况调查研究，调查显示，121 名运动员中损伤人数达 101 人，青少年肩部患病占总调查病例次数 9.44%，而成年队员手腕损伤病例减少，其中关节韧带损伤病例占比达 57.02%，其次肌肉损伤和末端病分别占到 42.15% 与 29.75%，检修损伤与滑膜炎也占到发病率大比例。[①]

羽毛球运动对于技术动作要求很高，因此是否经过专业培训将影响运动员运动损伤发生概率。张歌等人在以甘肃省兰州市的 16 个业余羽毛球俱乐部的 624 名爱好者为调查实验对象发现 60% 的会员都有打羽毛球经历，但 90% 的会员动作技术都存在不规范的问题，在两年时间内俱乐部通过外聘教练员并且留出足够场地与足够时间用于会员学习正确羽毛球技术动作，通过此举，会员们的技术动作规范性得到了改善，大部分会员动作都已熟练且能自觉独立做出正确击球动作，也有球龄较老的会员改正了错误的动作，使其动作技术水平与整体羽毛球竞技水平有了明显长进，会员们在这一策略实施的过程中持拍手的肩腕肘部运动性损伤有显著下降，此现象也同时证明了错误的击球动作技术将会导致持拍手运动损伤概率上升。[②]余长青等人对湖北省乒羽中心运动员和华中科技大学羽毛球爱好者以问卷调查的形式，统计得出手腕处运动损伤率 27.2%，其次为网球肘和肩袖损伤，损伤率分别为 25.4% 和 23.1%，因此其调查的持拍手运动损伤率为 75.7%，[③]笔者将此高概率损伤率归因于他们的击球动作并不规范。

① 张跃玎.体育院校羽毛球专选生运动损伤的调查研究——以北京体育大学为例[J].当代体育科技，2019（6）：9-10.

② 张歌.高校羽毛球教学方式的创新分析[J].当代体育科技，2020(8)：91, 93.

③ 余长青，石鸿冰.羽毛球运动所引起常见的运动损伤及预防方法[J].北京体育大学学报，2007（A1）：227-229.

基于羽毛球运动特点，正反手击打高远球以及吊球、杀球等技术动作都需要肩关节和手臂共同作用来实现，击球时，肩带动同侧大臂向后引拍，小臂内旋并带动手腕做鞭打动作击球，羽毛球以此动作为基础，反复损耗运动员的肩部关节，倘若技术动作不正确，此损耗将变大并且导致损伤。

二、羽毛球运动员躯干损伤现状

（一）MRI 与 CT 在腰椎的诊断

MRI（磁共振成像）与 CT（电子计算机断层扫描）诊断已经成为诊断腰椎间盘突出的主要手段，不过仅有 CT、MRI 表现而无临床症状则不应该诊断此病。根据施健在其 CT 检查诊断腰椎间盘突出症的应用价值中提到以不同强度对不同患者进行 CT 检查，观察其椎间盘突出平面、方向、类型、椎间盘大小及钙化情况、硬膜外脂肪层、硬膜囊改变情况、髓核的密度和神经根受压情况，进行分析，从而判断其椎间盘是否突出病变。CT 与 MRI 比较而言，在显示骨折时具有优势，而 MRI 能够直接显示各种韧带，外伤性腰椎间盘突出周围的组织会出现水肿的影像表现。

（二）运动员躯干损伤现状

在羽毛球运动中，由于各种步伐动作需要交替连贯进行，同时下肢、上肢需要协调用力，因此运动员躯干容易由于不协调用力导致损伤。张跃聍等人在北京体育大学羽毛球 110 名专修学生中调查到腰椎受伤人数占比为 8.67%。[1]刘开物等人在调查中显示在日常的强度训练中，腰部在反复受到过伸过屈的应力作用时，还不断受到水平向左向右的旋转应力甚至导致骨折，调查揭示，峡部裂多发生 L3 部位说明羽毛球运动员腰部负担过重。[2]余长青在调查中得出腰肌扭伤受伤率为 14.6%，运动员在上网弓步跨步接吊球与主动放网搓网前球或后场起跳弓背扣杀与吊球时容易损伤到腰部。[3]林立球在对珠海市大专院校非体育专业男子羽毛球运动员运动损伤现状调查发现，球友掌握的运动损伤知识结构与否与其运动损伤发生概率有关，同时家庭体育知识教育与对方球友动作规范与否也会影响其动作技术，从而影响其运动损伤发生概率。[4]张云军在文中指出腰骶部损伤大多出现在羽毛球扣杀、起跳击球、大力抽球动作中，在

① 张跃聍.体育院校羽毛球专选生运动损伤的调查研究——以北京体育大学为例[J].当代体育科技，2019（6）：9-10.

② 刘开物.青少年羽毛球运动员运动损伤调查与分析[J].四川体育科学，1999（1）：25-28.

③ 余长青，石鸿冰.羽毛球运动所引起常见的运动损伤及预防方法[J].北京体育大学学报，2007（A1）：227-229.

④ 林立球.珠海市高职院校非体育专业男子羽毛球爱好者运动损伤研究[J].体育世界（学术版），2018（12）：177-179.

猛烈收缩或肌肉筋膜的突然被动牵拉的情况下，对腰椎横突产生巨大拉应力，造成L3横突末端组织的急慢性损伤。[①]

羽毛球运动中，个人步伐紊乱、躯干上部位置未及时调整好、核心力量不足容易造成躯干核心部位受到损伤。

三、羽毛球运动员下肢损伤现状

羽毛球比赛中，球路来回次数的增加导致队员容易腿部疲劳，从而进一步导致运动损伤容易发生。李俊等学者在其对羽毛球运动中的膝关节损伤中提出羽毛球运动员在做出上网蹬跨步单脚落地期间，躯干弯曲同时其膝盖外展时间增加，可能导致膝盖受伤。由于羽毛球运动需要来回不停跑动来完成击球，膝关节会承受多次巨大压力，当其周围肌肉力量不足时容易导致运动损伤，同时长期的膝关节磨损损耗也是造成膝关节运动损伤的原因之一。[②]于是将膝关节运动损伤原因归为技术动作、肌肉力量、长期训练、场地环境、准备活动、伤后训练时间。杜少堂在中老年羽毛球练习者的膝关节运动损伤原因分析与预防策略研究中指出，大多数膝关节损伤患者都是由不正确的技术动作引起的，一般不正确动作是无法正确充分地在前冲后止步，此类错误占据了51%左右。[③]张书瑜在羽毛球运动中的跟腱损伤中认为羽毛球虽然是隔网运动但是依旧容易产生运动损伤，譬如较为严重的跟腱撕裂。莱皮拉提（Leppilahti）、普拉宁（Puranen）和奥拉瓦（Orava）用了近16年时间搜集百余个跟腱断裂的案例，发现81%发生在运动时，其中的88%发生在球类运动中，尤其常见于羽毛球、排球和足球。专业选手也较容易跟腱受伤，受伤的时间大多在比赛中后期，断裂位置大多在跟腱中段，其次为跟骨与跟腱连接处，左右脚跟腱断裂概率没有显著差异。在羽毛球运动中，跟腱在离心向心收缩之间快速转换，因此当肌腱弹性不足或由于过度疲劳无法维持足够收缩时，很容易在突然的拉扯中损伤甚至断裂。[④]于俏也在其文章中指出由于运动员需要在运动过程中进行快速多次重复的变向、跨步、急停、起跳、蹬转动作等，外加可能有运动员带伤训练、步伐节奏乱、准备活动不充分。起跳后空中动作过大，在长久的训练过程中，肌腱与韧带跟腱将会处于持续劳累中，严重时将会出现断裂情况，同时踝关节可能出现损伤同时伴随皮下出血。[⑤]

① 张云军.试论体育课堂上的篮球意识培养[J].小作家选刊（教学交流）（上旬），2012（6）：244.

② 李俊，张波.羽毛球运动中的膝关节损伤[J].体育科技文献通报，2019（2）：155-156.

③ 杜少堂.中老年羽毛球练习者的膝关节运动损伤原因分析与预防策略研究[J].当代体育科技，2019（4）：26-27.

④ 张书瑜，王琳茵，陈玉簇，等.羽毛球运动中的跟腱损伤[J].中国运动医学杂志，2015（9）：923-926.

⑤ 于俏.青少年羽毛球运动员常见的运动损伤及其预防方法研究[J].商，2014（4）：265.

在羽毛球运动中，运动员由于个人步伐节奏与球速不相符合等原因，需要进行各类变速急停跑动，多次跑动容易造成下肢疲劳，在疲劳后继续过度变速跑动容易造成下肢损伤，同时加大膝盖磨损导致下肢运动损伤的发生。

四、羽毛球运动损伤预防与治疗

在综合羽毛球各类易发损伤后，同时整理了在各类运动损伤后的预防处理治疗方法，并针对性给出具体意见。杜少堂（2019）中指出采用静力半蹲、物理疗法、中药针灸、按摩等方法进行力量训练，同时运动员膝关节的弯曲角度要一直变化到出现膝关节疼痛的角度开始，然后持续增加角度直到90度，当患者股四头肌发生轻微抖动后停止。[①] 张跃珩指出运动前应根据自己情况选择合适的球拍，同时选择好适合自己的磅数与球线，从而减缓击球时的冲击力，保护自己的腕、肘关节，平时也应当注重持拍手的柔韧与两侧肩带柔韧。[②] 刘开物指出平时应加强腰部骶棘肌，腰肌及腹部肌肉力量的练习从而预防腰部运动损伤，一旦某个动作不正确、过度用力、疲劳也将引发运动损伤。[③]

张歌等人指出应根据损伤发生时间将其分为早、中、后三个阶段，早期为损伤48小时内，应停止运动，并且冰敷损伤部位，若为开放性伤口则进行止血冰敷；中期待伤情稍微好转时应热敷加强血液循环并且加以药物按摩方法治疗损伤处；后期为运动损伤康复期，应当适当进行自我恢复性训练并加以按摩推拿，各阶段应循序渐进逐渐加大运动负荷。[④] 余长青指出在患网球肘（肱骨外上髁炎）时会出现拧毛巾、端重物时肘外侧疼痛，此时应停止此类动作并停止运动，同时纠正击球动作，并用支撑力强的护肘把肘保护起来从而限制肘部旋转与伸直，加以轻微按摩理疗，倘若病情较重，则加以中药针灸治疗，减少磅数并调整拍柄大小至适合自己，停止训练直到完全恢复。[⑤] 王尧在他的文章中指出高校羽毛球教学中损伤的防治应该注重动作技术要领的掌握、准备活动的充分进行与运动量的安排应当合理。[⑥] 杨晓东在其文中指出运动结束后要进行放松活动，此举有助于加快运动后精力的恢复，并且打球时注意场地是否

---

① 杜少堂.中老年羽毛球练习者的膝关节运动损伤原因分析与预防策略研究 [J].当代体育科技，2019（4）：26-27.

② 张跃珩.体育院校羽毛球专选生运动损伤的调查研究——以北京体育大学为例[J].当代体育科技，2019（6）：9-10.

③ 刘开物.青少年羽毛球运动员运动损伤调查与分析 [J].四川体育科学，1999（1）：25-28.

④ 张歌.高校羽毛球教学方式的创新分析 [J].当代体育科技，2020（8）：91，93.

⑤ 余长青，石鸿冰.羽毛球运动所引起常见的运动损伤及预防方法 [J].北京体育大学学报，2007（A1）：227-229.

⑥ 王尧.高校羽毛球教学中运动损伤的原因和预防策略探究[J].当代体育科技，2018（18）：131，133.

有异物，同时应注意自身能力，对自己身体素质有大致的把握，控制运动量，增强自我保护意识，从而避免过度劳累造成损伤。[①]朱睿在文中指出应当加强对关节肌肉力量、肌肉活动能力的锻炼，同时选择好场地、掌握正确技术动作要领，并且注重避免重复损伤，来避免羽毛球运动损伤的加重。[②]

羽毛球运动由于其特殊性容易出现运动损伤，且大多为自发的损伤，所以应以预防为主，在出现损伤后应停止运动，并及时治疗，在治疗后停止运动，静养伤病，待伤完全恢复后才可进行进一步训练运动。

在健康中国的热潮下，羽毛球作为一种易于上手的运动，被越来越多的大众接受并作为锻炼身体的运动方式，有运动就会产生损伤，羽毛球运动损伤应以预防为主，并注重自身技术动作正确规范，同时注意损伤后的恢复治疗保养。本节汇总了大多数羽毛球运动损伤类型，并以此提出预防与治疗恢复方法，旨在减少国民在羽毛球运动中的损伤并以此促进民众的生活幸福健康发展。大多损伤是由于技术动作不规范、机体疲惫等自身问题造成的，因此在运动过程中应当注意此类问题，以此减少运动损伤。在运动之前应充分热身，并在热身阶段减少大幅度高难度动作，当出现错误技术动作时，应主动纠正并学会正确动作，以免习惯性做出错误动作，导致运动损伤发生概率上升，同时加强对运动损伤的认识，在出现运动损伤后或在身体疲劳时应及时停止运动，并主动治疗，期间暂停运动训练，并可在适当条件下在恢复过程中逐渐增加伤病区域周围肌肉力量练习强度，以求损伤完全康复。

第四节　业余羽毛球运动损伤

羽毛球运动是一项容易上手而且具有趣味性的体育项目，尽管羽毛球运动并不存在激烈的身体对抗，但仍是容易发生运动损伤的运动项目之一，特别是业余羽毛球运动员在运动过程中更容易受到损伤。本节主要分析了业余羽毛球运动损伤原因，并提出了一些切实有效的防范措施。

羽毛球运动有着广泛的群众基础，是人们锻炼身体、增强体质的有效运动方式。羽毛球运动对场地器材的要求不高，也不受运动者性别、年龄和技术水平的限制，运动负荷容易调节，群众参与度和参与热情都很高。尽管在羽毛球运动中并无直接的身体对抗，但是对运动者的身体素质和运动方式却有着比较高的要求，所以业余羽毛球

---

① 杨晓东.关于初中体育与健康课对学生个性化培养的研究[J].中文科技期刊数据库（全文版）教育科学，2021（7）：159，161.

② 朱睿，郑虹.“双减”政策背景下体育家庭作业的设计与实施[J].体育教学，2022（12）：16-18.

运动很容易造成运动损伤，损伤部位以膝盖、踝腕、腰部最为常见，影响羽毛球运动爱好者正常的工作和生活，也背离了通过羽毛球运动锻炼身体、增强体质的初衷。

一、业余羽毛球运动损伤的原因分析

（一）没有做好充分的运动前准备活动以及运动后放松

由于业余羽毛球运动缺乏专业性，很多业余爱好者认为它不存在激烈的直接身体对抗，所以许多运动爱好者在进行运动前并没有做好准备活动甚至不做准备活动。虽然业余羽毛球运动没有直接身体接触，但是需要运动爱好者具有良好的反应能力，需要具备较强的运动技巧，运动爱好者需要在场上快速连续地做出各种复杂的技术动作，在这一过程中由于动作的突发性很容易造成运动损伤。运动爱好者在没有做好准备活动就全身心地投入到羽毛球运动中，肌肉的韧带黏滞性较高，神经系统和各种器官调节缓慢，身体关节、韧带、肌肉并没有进入运动状态，所以，准备活动不充分很容易造成运动损伤。同时还有很多爱好者锻炼完毕后匆匆地就离开了，也没有意识到运动后的放松有助于缓解运动疲劳，很多损伤都是因为劳损造成的。

（二）没有重视专项素质的练习

与专业运动员相比，业余爱好者的身体素质存在着很大的差距，而且平时也基本不具备进行专项身体素质训练的条件，业余爱好者进行羽毛球运动的主要目的在于强身健体，并没有充分重视身体素质练习或者提高。而且业余羽毛球运动受年龄、性别、体型、身体等因素的影响比较小，所以运动群体比较广泛，同时也导致了运动爱好者的身体素质有着明显的差异，不同年龄、性别的爱好者在一起运动时不同的身体素质差异就会显现，如男性和女性之间，男性的力量、速度会强于女性，女性的协调性、柔韧性会好于男性，由于这些差别的客观存在，在运动过程中就会容易发生损伤。还有一些业余爱好者在进行羽毛球运动过程中，在没有良好身体素质和专业技巧的情况下，做一些高难度的羽毛球动作，这样超负荷的运动强度就很容易造成肌肉拉伤和关节损伤。

（三）业余爱好者动作不规范

在业余羽毛球运动中，由于缺乏专业指导和系统的训练，多数羽毛球运动爱好者的动作并不规范，没有正确掌握羽毛球运动的动作技巧。羽毛球运动是一项技巧性运动，技术动作比较复杂，在没有专业人士指导下盲目进行运动，很容易造成运动损伤。如有些运动爱好者握拍动作不正确，很容易造成手腕关节损伤；步伐不合理很容易造成脚踝关节和膝盖损伤，等等。这些因素对于业余爱好者来说不仅是造成损伤的重要原因，也是限制他们水平提高的关键因素，羽毛球运动的任何一个击球动作都要充分运用全身的关节肌肉一起协调工作，所以它的锻炼价值毋庸置疑，但是要注重动作的规范性，来有效避免或者减少损伤的发生。

二、业余羽毛球运动损伤的防范措施

（一）做好运动前的准备活动以及运动后的放松

在进行业余羽毛球运动前需要充分做好准备活动，调动肌肉、器官的活动能力，提高神经系统的兴奋性，为羽毛球运动做好充分的准备，从而能够有效地防范运动损伤。在运动开始前运动爱好者可以采取慢跑的方式进行热身，同时做关节运动和肌肉拉伸运动，尤其对运动中容易损伤的部位，如腰部、手腕、踝关节等，要充分做好准备活动。专业羽毛球运动员都会在训练之前做好充分的准备活动，从而以最佳的状态进行锻炼，有效地防范运动损伤。运动结束后应该做些拉伸牵拉动作来放松肌肉缓解运动疲劳。

（二）增强自身身体素质

羽毛球运动属于隔网运动，没有直接的身体对抗，但是需要具备技巧性和灵活性，能够快速在场上来回运动。所以，运动爱好者需要增强自身身体素质，避免在场上快速运动中发生运动损伤。运动爱好者需要在日常增加身体训练，尤其是对容易发生损伤部位的柔韧性练习，提升自身的力量、耐力、速度、韧性和灵活性。在运动中根据自身情况，尽量避免做高难度的危险动作。专业体育运动员通过系统的训练具备良好的身体素质，协调性和技巧性都很强，关节、肌肉能够承受运动负荷强度，能够有效减少运动损伤。

（三）掌握正确的技术动作

羽毛球运动爱好者需要掌握正确的运动动作和技巧，可以邀请专业的教练进行指导，也可以向专业的羽毛球运动员学习，从基础学起，反复实践改进动作，掌握羽毛球运动动作的技术要领，防范由于动作不规范而造成的运动损伤。专业羽毛球运动员在训练过程中都有专业教练进行指导，动作技巧都是通过长期训练出来的，在训练过程中结合准确的动作技巧，能够有效地防范运动损伤。

第五节　羽毛球运动中软组织损伤

羽毛球运动是运动激烈程度比较大的隔网对抗项目之一，多数业余运动员没有经过专业人员指导，凭自己的感觉和习惯打球，极易造成运动损伤。针对羽毛球运动的快速移动、大力扣杀、多方扑救等动作技术特点，运用解剖学和生物力学相关理论，分析常见羽毛球运动软组织损伤产生机理，提出常见羽毛球运动软组织损伤症状的诊断方法，对预防和减少羽毛球运动爱好者软组织损伤的预防具有重要意义。

一、腕关节—三角纤维软骨盘损伤

（一）羽毛球运动中三角纤维软骨盘损伤产生机理

三角纤维软骨盘是连接桡骨和尺骨远端的主要结构之一。在羽毛球运动中，腕部三角纤维软骨盘损伤常因持拍手的前臂和手腕部位在反复的练习和比赛中超负荷旋转所致，羽毛球运动中的各种击球技术，基本都有手腕动作，从而也就使得软骨盘受到碾磨或牵扯的时间较长，致使桡尺远侧关节受到过度的剪力作用，三角纤维软骨盘损伤的概率大大增加。羽毛球击球技术欠缺、腕关节的柔韧素质差等是造成损伤的主要原因；再者就是意外的急性损伤，如果因救球摔倒时手撑地而引起的三角纤维软骨盘损伤，这种损伤是在腕背伸下的旋前的情况下，前臂极度旋转会使桡骨与尺骨的远端趋向分离，三角纤维软骨盘会被拉紧、扭动，一旦出现旋转力或剪力作用过大现象，三角纤维软骨盘的附着处就可能会撕断或分离，甚至会导致软骨盘本身撕裂，进而使关节扭伤、分离或脱位。

（二）三角纤维软骨盘损伤症状与诊断

三角纤维软骨盘损伤者大部分有腕关节内及腕关节尺侧疼痛现象，在进行腕部运动时，腕关节无法用力，当前臂或腕部做旋转活动时，疼痛感觉加重。检查时，伤者大多数没有腕部肿胀迹象，压痛点一般位于尺骨茎突远方的关节间隙处和桡尺远侧关节背侧间隙部，腕关节背伸尺侧倾斜受压时，疼痛出现。如果伤者有桡尺远侧关节松弛或半脱位、脱位的可能，则可发现尺骨小头有明显的在腕背部隆起症状，按隆起部位，暂时可平，但松手之后，隆起再现，此时，手部握力减退。

二、肱二头肌长头肌腱腱鞘炎

（一）羽毛球运动中肱二头肌长头肌腱腱鞘炎产生机理

肱二头肌长头肌腱腱鞘炎是指肱二头肌长头肌腱与腱鞘的创伤性炎症。在羽毛球运动中，运动员在使用击高远球、吊球、扣杀、平抽技术时，都有上臂上举动作，且都有肩关节活动，一旦出现过度猛烈的后伸，就使得肱二头肌长头肌腱在肱骨的结节间不断地纵向抽动或横向滑动，引起反复摩擦，甚至导致牵拉过度，同时，在盂肱关节进行活动时，肱二头肌腱也会跟随滑动，肱二头肌长头肌腱腱鞘炎便由此引发，此症的受伤部位，有的是在关节内的肌腱部位，有的则是在结节间部位。

（二）肱二头肌长头肌腱腱鞘炎症状诊断

一次致伤或慢性病例再伤时，多表现为肩前疼痛，并向三角肌下扩散。肱二头肌长头肌腱处有剧烈疼痛，关节活动也明显受限，提物或上臂上举后伸时均有疼痛感。慢性或劳损伤病例往往仅在做臂外上举并向后做肩后伸、后弓动作才出现疼痛。检查时，可在结节间沟部和肱二头肌腱出现局限性压痛，肱二头肌抗阻力试验阳性——前臂旋后，抗阻力屈肘时，可出现肩前部疼痛。

三、羽毛球肩袖损伤及诊断

（一）羽毛球运动中肩袖产生机理

在羽毛球运动中，导致肩袖损伤的发生一般有两种情况，一种是由一次急性的损伤导致，而损伤之后，在没有及时地进行合理的处理和康复治疗下继续肩部运动，进而继续受损，逐步演变为慢性损伤。另一种是在受伤者没有受过外伤的情况下，反复的肩部运动，致使肩袖肌腱磨损和牵扯次数过多，出现局部负荷过度，逐渐劳损和退行性变而成。此外，羽毛球运动技术不过硬，动作技术不正确，或错误动作，活动前准备不够，肩部肌肉弹性差、肩关节的柔韧素质差等也可导致肩袖损伤。在对抗激烈的羽毛球运动中，击高远球、平高球、大力杀球、抽球和各方向的救球，肩袖肌腱承受反复牵拉和摩擦，使得肩袖肌腱与肩峰、喙肩韧带反复摩擦，或者肌肉的反复牵拉，使滑囊发生细微损伤或劳损。

（二）肩袖症状与诊断

伤后肩部疼痛，有时会向上臂、颈部放射，有的夜间疼痛加重。肩部做外展、内外旋运动时，疼痛明显加重，压痛部位主要集中于肩峰和肱骨大结节之间。主要表现为：肩外侧疼痛明显，且疼痛有向三角肌上部或颈部放射感觉；在肩关节外展不同的弧度时，疼痛感觉不同，如外展10度～120度的弧度时，有疼痛感，弧度超越120度后，疼痛则消失；在肩峰下肱骨大结节处有压痛，急性患者可有局部肿胀。

四、肘关节内外侧软组织损伤

（一）羽毛球运动中肘关节内外侧软组织损伤产生机理

进行羽毛球运动时，手臂动作是关键，肘关节是手臂运动的枢纽，其内侧软组织损伤大部分归结于错误的技术动作，在上臂外展，肘关节屈曲90度时，肘部低于肩部时，受伤概率最高，如正手扣杀技术或平抽技术动作，都有上臂外展，屈肘关节的动作，因此，在做这些技术动作时，肘关节内外侧软组织损伤概率较大。另外，突然的或是猛烈的前臂和手腕动作，也是造成肘关节内外侧软组织损伤的原因之一，前臂的旋前和屈腕，引起肌肉主动强劲收缩，肘关节在前臂爆发的作用下，出现过伸现象等，这些都能导致肘关节内外侧软组织损伤。在羽毛球运动中，正手回击和扣杀时，羽毛球拍的反作用力或进行鞭打击球时所致的肘关节爆发或过伸，或者如做吊球、扣杀、挑球动作时所要求的屈腕动作。

（二）肘关节内外侧软组织损伤症状与诊断

急性损伤者，伤后即觉肘内外侧疼痛，局部肿胀，甚至皮下瘀血；肘关节活动受限，常常不能完全伸肘或曲肘。而慢性伤者，轻微肿胀，但受伤者经常诉说他们在完成羽毛球的扣杀、抽球或快打时，完成的动作技术质量不高。损伤部位有明显压痛，当肘关节被动外展、外旋或是曲肘、屈腕时，疼痛都会有明显加重。

五、膝关节损伤

（一）羽毛球运动中膝关节损伤产生机理

羽毛球运动中此类损伤概率较高，其症状是膝关节不能够吃力，运动中膝部稍一弯曲就出现刺痛无力现象。膝关节由股骨下端、胫骨上端和髌骨构成，膝关节周围肌肉和肌腱，关节内外侧韧带及半月板等共同维持膝关节的稳定性。羽毛球运动中的膝关节损伤往往与跳起扣杀后落地姿势不佳有关。当人腾空跳起后再着地时，在两腿不容易靠拢的情况下，人体平衡能力下降，此时，小腿突然外展或外旋，大腿突然内收或内旋的可能性将加大，造成膝关节内侧韧带和内侧半月板损伤概率增大。

（二）膝关节损伤症状及诊断

轻度损伤时，伤部疼痛、压痛、局部轻度肿胀，功能无明显障碍；部分断裂时，伤部疼痛较重、有压痛感、肿胀可见，活动受限，膝关节不能伸直；完全断裂时，伤部剧痛、肿胀明显、大面积瘀斑，跛行，关节不稳定，功能明显障碍或丧失，伤部可触及韧带的凹陷；半月板伤时，常听到清脆的响声，关节内有积血或积液，则走路不稳，出现"交锁"现象。

六、踝关节损伤

（一）羽毛球运动中踝关节损伤产生机理

由于羽毛球运动场地较大，球的落点多且变化大，因而对运动员步法的要求也较高，踝关节损伤往往都是由错误的步法引起踝关节局部的力量负荷过度所致，如很多人跨步接网前球时，在速度的驱使下，经常脚尖先着地且习惯内收，导致踝关节局部负荷过重而受伤；跳起扣杀、抢扑救球等动作，极易造成落地时重心不稳，肌力不足，身体失去平衡；场地不平整，可使踝关节发生内翻或外翻，使外侧副韧带尤其是距腓前韧带损伤，严重者可有韧带断裂。当羽毛球运动员在球场上使用各个方向的跨步、交叉步、并步或原地跳起扣杀球时，脚腾空后，在身体重心不稳或重心偏向身体一侧的情况下，脚着地时，容易出现脚前外侧先着地，从而增加了踝关节外侧副韧带扭伤的概率。

（二）踝关节损伤症状与诊断

伤后踝关节外侧疼痛、肿胀，皮下瘀血，若伤及关节囊滑膜层，则整个关节出现肿胀，关节功能障碍，局部压痛，牵拉受伤韧带时疼痛加重，造成活动受限；重者足内翻畸形，行走困难和跛行，伤部明显压痛。外侧副韧带扭伤则踝关节内翻试验时疼痛加重。若韧带完全断裂，则有关节松动、被拉开感、关节间隙增宽或超范围的异常活动感，即踝关节的稳定性差或关节出现异常。如果患者诉说关节内有"卡住"感，则应想到关节内其他组织可能合并损伤，若检查时发现骨骼部分有压痛或挤压、叩击痛，则应考虑到可能合并发生骨折（需用 X 光检查确诊）。

第六节　羽毛球运动中踝关节损伤

羽毛球的开展在高校有着广泛的群众基础，但相当多的羽毛球爱好者是凭自我感觉和习惯打球，对预防运动损伤没有引起足够的重视，积极探索其损伤的发生原因，对更好地开展全民健身运动，促进学生身心健康，培养终身体育的思想，认真完成教学任务并有效地预防运动损伤有着重要的意义。

从 2001 年以来对学生本学期自选上课项目进行统计，有 29.94% 的学生根据自己的兴趣爱好选择学习羽毛球，且男女比例无显著差异。这说明在全民健身运动中，羽毛球的开展在高校有着广泛的群众基础，越来越受到更多学生的喜欢。在多年来的体育教学和训练中，发现绝大部分学生没有受过专业指导或正式训练，他们仅仅是出于对羽毛球的兴趣爱好，凭自我感觉和习惯打球，对预防运动损伤没有引起足够的重视。因此，在羽毛球教学和训练中积极探索其损伤的发生原因，对更好地完成教学和训练任务，并有效地预防运动损伤有着重要的意义。

据统计，踝关节损伤占所有运动损伤的 20% ~ 40%。踝关节损伤多为踝关节周围韧带的过度牵拉或撕裂，严重者可伴有撕脱骨折。由于踝关节是人体运动的重要枢纽及承重关节，因此其状态的好坏直接决定人的生活和运动质量。踝关节是羽毛球运动中极易受伤的部位，这是因为在羽毛球运动中，全场移动、跨步支撑、起跳扣球落地时踝关节都受到很大的冲力。造成其损伤的主要原因是起跳支撑落地重心不稳，技术动作不规范，带伤练习，起跳动作错误及准备活动不足等。

一、踝关节损伤的原因

踝关节韧带损伤非常多见，在关节韧带损伤中占第一位，其中以外侧韧带损伤为多，尤其以距腓前韧带损伤为常见。这是因为踝关节在跖屈时，即我们做踮脚这个动作时，脚容易向内翻，即脚心翻向内。由于踝关节特有的解剖结构，这时踝关节不能很好地匹配，处于"灵活有余，稳重不足"的不稳定状态。所以，我们在踝关节跖屈，起跳后落地时，如果失去平衡，就容易引起关节的内翻，导致踝关节的内翻损伤，即踝外侧扭伤。统计表明，踝外侧扭伤约占踝关节损伤总数的85%。这时，踝关节内的软组织受到挤压撞击出现软骨面损伤、滑膜肿胀，使踝关节周围出现肿胀、瘀血。如果未能及时进行正确治疗，就会出现踝关节外侧支撑强度下降，关节本体感觉减退。这样，踝关节的不稳定状态就会加重，踝关节容易再次扭伤，出现疼痛、肿胀、步态不稳等慢性期症状，可引起其他关节损伤，出现连锁反应。长此下去，容易出现踝关节习惯性劳损。

踝关节是羽毛球运动中极易受伤的部位。由于羽毛球落点变化大，运动者打球时要在场地上不停地进行脚步移动、跳跃、转体、挥拍，要运用各种击球技术和步法将球在场上往返对击。脚步不停地移动时，很多人冲到网前跨步接球时，因速度太快而习惯用脚尖着地，这样的动作很容易使踝关节局部负荷过重。加上肌肉力量不足，导致踝关节韧带扭伤。如姿势长期错误，还会造成踝关节创伤性滑膜炎。正确的着地方法应该是，前跨步时脚跟外后侧最先着地，快速依次滚动向前至整个脚掌落地。落地时应尽量将脚步放轻，避免突然、猛烈地着地。最好能在木地板或塑胶地面的场馆里打球，运动鞋的鞋底要有一定的厚度和弹性，以降低对踝关节的缓冲，从而降低踝关节损伤的概率。据调查，羽毛球运动踝关节损伤的原因有很多，其中所占比例最大的是局部负荷过重和场地不良。

二、踝关节损伤处理

造成损伤的一个重要原因是缺乏自我保护意识，不重视预防措施。在体育教学中，许多同学对踝关节扭伤抱着无所谓的态度，认为"休息几天就好了"，其实不然。适当的休息是需要的，但并不是治疗的全部，未经正规治疗的患者，踝关节再次损伤的可能性是经正规治疗患者的 3 ~ 4 倍。急性期的初次损伤患者，如果损伤没有涉及韧带组织，只要能在专科医生的指导下接受正规的保守治疗，遵守休息、冰敷、加压包扎、抬高患肢的原则，大部分可以获得满意的疗效。

急性期损伤 24 小时内可将踝部浸入冷水中，或用冷毛巾敷于患处，每次 10 ~ 20 分钟，每 6 小时一次，然后加压包扎，抬高患肢，固定休息，可收缩血管，消肿止痛，不能使用局部揉搓等手法。24 小时之后，根据伤情可选用外敷新伤药、理疗、针灸、按摩、药物痛点注射和支持带固定，并尽早进行功能锻炼。如果韧带损伤较重，疼痛剧烈，可用 4 厘米宽的三条胶布敷贴踝部，自小腿内侧下 1/3 处，三条胶条互相重叠，重叠部位的宽度约为每条胶布的一半，再围绕小腿贴三团胶布，起固定作用，但要防止粘贴过紧，阻碍血行。外用绷带包扎，固定 2 ~ 3 周。踝关节损伤后早期处理很重要，宜卧床休息，下地时持拐杖以防止踝关节负重，休息应在 2 周以上。

而慢性损伤的患者保守治疗的效果则相对较差，改善疼痛和不稳定的症状是治疗的目的，有时需要通过手术重建韧带来改善踝关节的稳定性，同时可以通过微创的踝关节镜手术来消除滑膜炎、软骨损伤或游离体等致痛因素。总而言之，早期就诊，早期检查，早期治疗，才能取得良好的疗效。

伤后练习。肿痛减轻后，应在粘膏支持带固定下着地行走或扶拐杖行走，1 ~ 2 周后可进行肌肉力量和协调性练习，如踝关节抗阻力活动，也可在松软的沙地上进行一些较慢动作的练习（如跑、跳等），或在凹凸的斜面上行走或跳跃练习，并逐步进入正规练习，对踝关节有松动不稳的习惯性劳损者，要特别加强踝和足部的肌肉力量练习，并控制踝部的训练量。此外，注意纠正易致伤的错误动作，避免反复损伤。

踝关节损伤的症状，根据部位的不同表现出的症状也有不同：①外踝损伤时，外踝前下方凹陷处不同程度的肿胀或皮下瘀血。②严重时，患足不能支持或站立，单纯的韧带撕裂，压痛大部分在外踝下方。③合并撕脱性骨折时，在踝关节处有明显的局部性压痛。④慢性的踝关节劳损时，表现在准备活动时疼痛，活动后减轻，运动加大后疼痛加剧，同时踝关节有酸痛的感觉。

三、如何预防踝关节损伤

在体育教学和课外体育活动以及运动队的训练中，体育教师应对学生反复强调运动损伤的重要性，首先让学生从思想上引起足够的重视，然后落实到行动中。因为相当多的学生对发生运动损伤抱着侥幸的心理，殊不知真正发生损伤时追悔莫及。

现提出以下建议预防损伤的发生：①学习、掌握规范的动作技术，对预防手腕、肩肘、腰、踝关节处的损伤能起到很好的预防作用。因此，请专业的羽毛球教师进行指导，了解和掌握好正确的动作要领，将有利于学生掌握规范的动作技术，同时，应反复强调掌握规范动作的必要性。②做好充分的准备活动。对手腕、肩关节、腰部、踝关节、大小腿等容易出现损伤的部位更要注意。一般准备活动为 15 ~ 20 分钟，但在秋冬季气温较低的情况下，由于人的关节活动幅度减小，韧带的伸展度降低，更应该做好准备工作，适当延长准备活动的时间，让身体"发热"后，才能进行羽毛球运动，并且要遵循循序渐进的原则。③平时重视踝关节周围肌肉力量和关节协调性训练，如蹲杠铃、负重提踵、跳绳、足尖走路、足尖跳跃、在沙坑上原地纵跳、跳台阶、蛙跳等专项练习。其肌肉韧带力量增加了，出现损伤的概率就会降低。④在身体疲劳或已经带有伤病（如轻微的肌肉拉伤）的情况下，应该停止运动，待身体状况恢复后再进行运动，否则会使损伤的恢复时间延长，并且容易发生新的损伤。运动结束后，要养成进行放松活动的习惯，这有助于加快运动后疲劳的恢复，对提高运动成绩是必不可少的环节。⑤加强对运动损伤的认识，平时注意运动损伤知识的积累。发生运动损伤后要采取科学的方法认真治疗，切不可抱着无所谓的态度而继续打球，这是造成重复或多次损伤的主要原因，一定要及时检查、确诊、积极治疗，以免导致慢性病。⑥加快学校室内练习馆建设的步伐，尽可能使每所高校有室内的木板地或塑胶场地。运动时选择好的场地，并在打球时特别要注意场地上是否有球或别的物体，避免运动中不注意而产生损伤。羽毛球运动对场地要求无风，因为羽毛球重量仅为 4.74 ~ 5.50 克，风对它的影响很大，如果没有室内场地，会制约此项运动的开展。

第七节　羽毛球运动中肘关节损伤

在羽毛球运动中，运动员上肢肘关节的损伤不仅影响其正常锻炼，而且还会影响其日常的工作和生活。通过对羽毛球运动爱好者肘关节损伤的生物力学分析，查阅和分析国内外文献资料做一总结归纳。从生物力学的角度揭示了肘关节损伤的机理，提出了预防羽毛球运动锻炼者肘关节损伤的建议。

随着我国全民健身意识的普遍提高，群众体育运动迅速发展，羽毛球运动深受广大群众的喜欢。根据调查可以看到，我国从事羽毛球运动锻炼的群众排在各项体育运动的第 2 位，仅次于参加慢跑的锻炼人群，羽毛球的竞技水平也得到了很大的提高。但由于健身者的运动技术、身体素质等因素的影响，羽毛球运动对健身者的损伤也越来越被人们重视，尤其是常见的健身者上肢肘关节的损伤，如果处理不当将会限制健身者的运动能力，并对健身者的工作和生活产生巨大的影响。本节从肘关节的生物力学知识、羽毛球技术动作、受伤的机制着手，根据羽毛球运动中肘关节损伤的生物力学条件，分析其原理，为羽毛球健身者提供科学的健身方法。

一、肘关节解剖提要

肘关节由桡、肱骨、关节囊及韧带组成，包括肱尺、肱桡、桡尺 3 个关节和 6 个关节面。可有屈伸及旋转运动，屈伸范围约为 140 度。肘关节的前后韧带组成关节囊部分，上起自肱骨软骨及鹰嘴窝的上沿，下止于桡尺关节软骨。肘的两侧有副韧带加强。尺侧副韧带及桡侧副韧带防止肘关节的过度内收及外展。肱骨的内上髁为屈腕肌及旋前圆肌等的附着点。人体在结构上是由关节将身体各环节相连，因此，对人体运动进行研究时往往可以将人体简化为环节链。在体育动作中，当希望环节链末端产生最大的速度和力量时，肢体的运动形式往往表现为由近端环节依次加速与制动。

二、羽毛球运动技术动作对人体肘关节的影响

（一）羽毛球运动技术分析

羽毛球运动整个技术动作包括选位、引拍、迎球挥拍、球拍触球、随势挥拍、身体的协调放松还原。在打高远球和杀球的时候需要人体最大的力量，是通过下肢的蹬、跳，腰部的转动前臂的内旋，到手腕、手指的鞭打，使羽毛球获得最大力量的。

（二）羽毛球运动获得力量的物理学分析

羽毛球运动是一项力量和速度相结合的运动项目，击球力量的大小将直接影响击球的质量。击球力量的大小，主要体现在球的运行速度上。牛顿第二定律告诉我们："物体运行的加速度与所受的外力成正比，与它的质量成反比。"用公式表示即 $F=ma$。由于球的质量（标准的比赛球重量 5 克左右）是一定的，所以加速度的大小就取决于作用力 F，F 主要是运动员球拍所给予的。对同一个运动员来说，他所使用的球拍重量也是一定的，那么增大击球力量的方法就只有增加挥拍的加速度。因此我们可以这样说：增加羽毛球击球的力量的原理是增加击球的加速度（挥拍的加速度），而增加加速度的方法又是通过增加挥拍的顺时速度而获得的，所以增加击球的力量与挥拍的加速距离、击球时身体各部的协调配合有关。

三、肘关节损伤的病理分析

在羽毛球的运动中常见的肘关节损伤部位是肱骨外上髁，又名网球肘。一般认为，是由于肱骨外上髁伸肌总腱的慢性劳损及牵扯引起的，尤其是桡侧伸腕短肌至关重要。病理有以下四种：

（1）腕肌腱纤维由肱骨外上髁的部分撕脱，特别是桡侧伸腕短肉。

（2）桡关节处局限性滑膜炎滑膜嵌入。

（3）环韧带变性。

（4）成年人在外上髁远端腱膜下有间隙，含有疏松组织，当外上髁发炎时腱下间隙即被肉芽组织代替，并有血管增生、水肿及小圆细胞浸润。这些变化并扩张侵入腱膜。其过程是由于肌肉的过度活动，在早期引起腱下间隙内肉芽组织水肿，随之是纤维性渗透。并开始血管增生及粘连形成。伸肌用力收缩时，粘连撕裂引起肉芽组织的反应性增殖，渐渐充满腱下间隙。间隙的容积减少，更易因机械刺激而出现外上髁炎的特有症状。

四、肘关节损伤的生物力学分析

（一）羽毛球运动中肘关节的力学分析

羽毛球运动上肢产生向前的运动速度是通过以下顺序配合决定了手的最终速度，各环节遵循"躯干向前扭转—上臂水平内收—肘关节伸展—臂内收—腕关节活动"的活动顺序，为了使末端获得最大的速度，躯干和上肢各关节不但要尽力向击打方向运动，而且必须协调配合。首先，人体肢体的运动都可以看成围绕相应关节的转动，其运动的动力来源于相应肌肉收缩所产生的力距，但是，肌肉力量大，力距不一定大。根据力学基本原理，上肢环节链系统总的动量距的变化只与肩关节周围肌肉力矩有关，而环节间的反力和力距是系统的内力和内力距，它们的冲量距不能改变系统总的动量距，只起到动量距传递作用。从对各环节运动的动力学原因分析结果可知，在肘关节反作用力力矩和肩关节屈肌力矩的依次作用下，上臂制动效果明显。上臂减少的动量距部分向前臂传递，此时肘关节快速伸展，前臂动量距增大。羽毛球运动中在击打杀球、高远球时上臂在肘关节受到最大力，特别是沿纵轴的力。而肘关节加速伸展时，沿纵轴的力变为正值，该力对上臂重心的力距将制动上臂的水平内收运动。在击打球时前臂内旋的肌力距比较小，这样就造成了肌力较大的作用。

（二）肘关节损伤的运动学分析

肘关节和肩关节、腕关节是人体对运动器械发力的最后一个环节，它的保护对减少损伤和保持运动功能具有重要的意义。首先，当练习者不停地击打球路不同的羽毛球时，由于击球点的不同，手臂的挥动方向和前臂的内外旋转，造成了肌肉附着点受力的不同。其次，从运动学的角度分析，肘关节、肩关节和腕关节相连的关节链，在击打羽毛球时，发力顺序是上臂向前快速运动—制动—前臂内旋—手腕的内收—制动，使羽毛球获得最大的力，也使伸腕肌肉受到最大的力，并且它的受力点就在肌腱的附着处。最后，肘关节周围的韧带损伤也是不可忽视的，从力学角度考虑，韧带具有潜变行为：当韧带受到一定持续负荷后（骨间连接），会逐步开始变形并产生应力松弛现象。随着年龄增长，韧带强度有随之减弱和松弛的趋势，这便造成肌肉的受力面加大，负荷增强。

五、预防羽毛球肘部损伤的建议

（一）掌握正确的技术动作

通过以上论证，要想获得大的击打力量，在击打球时的制动非常关键。而在正确的羽毛球技术动作中，在击打球之后有一个随拍前挥的技术，高水平运动员由于自身身体素质比较强，为了在最短的时间里产生较大的爆发力，在击球后有对球拍的快速制动，不会对肘关节造成损伤，而业余运动员就很难达到，不能盲目地模仿，尤其是刚开始学习羽毛球运动的新选手。

（二）加强肘部肌肉群力量练习

羽毛球运动肘部损伤主要发生在前臂肌肉群浅层肌和肱二头肌腱、尺侧副韧带以及它们附着点的滑膜滑囊处，除了以上因素外肘部小肌肉力量跟不上专业水平的发展，也易引起损伤。根据对有关专家的访问得出：肌肉力量若没有及时跟上专业发展的需要，引起肘部损伤可能性就大，所以，在从事羽毛球运动时不能忽视肘部各肌肉群力量的练习。

（三）要有专项准备活动、合理安排练习时间

运动前不做准备活动或准备活动不充分，身体状态不佳，缺乏适应环境的训练，以及在练习中时间过长，是造成锻炼者肘部运动损伤的首要原因。运动损伤中急性多于慢性，急性损伤治疗不当、不及时或过早参加训练等原因可转化为慢性损伤、劳损、再伤或肌腱韧带的松弛。所以，羽毛球运动在练习前准备活动是必不可少的，特别是专项准备活动，科学安排运动量，提高身体素质，加强医务监督与安全教育。

（四）选择合适的运动器材

运动器材是一个锻炼者必备的健身装备，羽毛球拍质量，是预防锻炼者受伤的直接原因。不合格的球拍重量较重，拍杆弹性差，锻炼者大力击球后在制动球拍时对肘肌肉的拉伸产生较大的拉力，很容易造成肘部肌肉的运动损伤。个人打球的方法、锻炼者的身体素质对球拍也有着不同的要求。如喜欢打进攻的选手使用的球拍的重心相对要靠近球拍前面，球拍显得比较重；防守型的球员的球拍重心靠中间，感觉要轻一些，这样使不同打法的运动员在选择球拍时与自身的击球技术相一致。要是选择不当，就会造成技术变形，引发运动损伤。

综上所述，肘关节损伤是羽毛球运动中常见的损伤之一，国内外的研究很多，其重视程度也越来越高，不正确的羽毛球动作技术、过度的运动、体育卫生习惯不正确等，都能造成不同程度的损伤。在分析人体的运动系统的功能及基本的生物力学原理之后，我们可以得出，掌握羽毛球正确技术的重要性。增加肘关节周围肌肉的力量，不断加强上肢肌肉的力量练习，可以在肘关节遇到大的拉伸力时预防受伤。因此，提高肘关节运动能力已成为羽毛球项目不可或缺的一部分。同时，做好专项准备活动也是羽毛球这项群众体育活动中值得重视的问题。

第九章 竞赛规则与裁判法

第一节 羽毛球竞赛规则

羽毛球比赛规则中对各种名词的定义如下：

运动员：参加羽毛球比赛的人。

一场比赛：由双方各一名或两名进行比赛，是羽毛球比赛决定胜负的基本单位。

单打：双方各一名运动员进行的比赛。

双打：双方各两名运动员进行的比赛。

发球方：有发球权的一方。

接发球方：发球方的对方。

回合：自球被发出至死球前的一次或多次连续对击。

击球：运动员的球拍向前挥动一次。

一、场地和场地设备

场地应是一个长方形，用宽40毫米的线画出。

线的颜色应为白色、黄色或其他容易辨别的颜色。

所有场地线都是它所界定区域的组成部分。

从场地地面起，网柱高1.55米。当球网被拉紧时，网柱应与地面保持垂直。网柱及其支撑物不得伸入场地内。

不论是单打还是双打比赛，网柱都应放置在双打边线上。

球网应由深色优质的细绳编织而成。网孔为均匀分布的方形，边长15～20毫米。

球网上下宽760毫米，全长至少6.10米。

球网的上沿是用宽75毫米的白带对折成的夹层，用绳索或钢丝从中穿过。夹层的上沿，必须紧贴绳索或钢丝。

绳索或钢丝应牢固地拉紧，并与网柱顶取平。

从场地地面起至球网中央顶部应高 1.524 米，双打边线处网高 1.55 米。

球网两端与网柱之间不应该有空当。必要时，球网两端与网柱系紧。

二、羽毛球

球可由天然材料、人造材料或混合制成。无论是何种材料制成的球，飞行性能应与天然羽毛和薄皮包裹软木球托制成的球的性能相似。

天然材料制作的球：

球应由 16 根羽毛固定在球托上。

每根羽毛从球托面至羽毛尖的长度，统一为 62 ~ 70 毫米。

羽毛顶端围成圆形，直径为 58 ~ 68 毫米。

羽毛应用线或其他适宜材料扎牢。

球托底部为球形，直径为 25 ~ 28 毫米。

球重 4.74 ~ 5.5 克。

三、非天然材料制作的球

球裙将由合成材料制成的仿真羽毛替代天然羽毛。

在因海拔或气候等条件不适宜使用标准球的地方，只要球的一般式样、速度和飞行性能不变，经有关会员协会批准，可以变通以上规定。

四、球速的检验

验球时，运动员应在端线外用低手向前上方全力击球。球的飞行方向应与边线平行。

符合标准速度的球，应落在场内距离对方端线外 530 ~ 990 毫米之间的区域内。

五、羽毛球拍

球拍长不超过 680 毫米，宽不超过 230 毫米。

拍柄是击球者通常握拍的部分。

拍弦面是击球者通常用于击球的部分。

拍头确定了拍弦面的范围。

连接喉（如有）连接拍杆与拍头。

第二节 新规则中值得关注的几点变化

一、关于发球区错误的规定

如果发现发球区错误，应予以纠正，已得比分有效。

在旧规则中，发球权传递的方式是由分数来决定的。以双打为例，每局开始首先发球的第一发球员，在该局本方得分为零或双数时，都必须在右发球区发球或接发球。他的同伴第二发球员则与他相反。而新规则是按照运动员最初的站位来决定发球权传递的。每局比赛的发球权必须如此传递：首先是发球员，从右发球区发球；其次是首先接发球员的同伴，从左发球区发球，然后是首先发球员的同伴；接着是首先接发球员；再接着是首先发球员，如此循环。

旧规则对发球区错误的判罚是发球前发现怎么处理，发球后发现又怎么处理，赢球怎么处理，输球又怎么处理，比较复杂。新规则对此判罚趋于简单化，一旦发现发球区错误，马上给予纠正，而比分仍有效。

二、关于间歇的规定

每局比赛，当一方先得 11 分时，允许有不超过 60 秒的间歇。

所有比赛中，每局之间允许有不超过 120 秒的间歇。

旧规则规定，球员经比赛成死球状态时，可随时向裁判提出到场边擦汗、喝水或绑鞋带等要求。因此，在一场激烈的比赛中，擦汗、喝水、绑鞋带等举动往往被球员当成一种喘息、缓冲、调整体力的战术。这样不但使精彩的比赛不得不经常中断，同时，也给裁判员控制比赛带来了很大的难度。而新规则对运动员喝水、擦汗的规定比以前更为严格。除非特殊情况（比如，地板上有汗水，需要擦干），运动员一般不可随意再提出上述的要求。同时，现有规则也相应地做了一些人性化处理，即每局一方以 11 分领先时，允许有不超过 60 秒的间歇，所有比赛中，每局之间有不超过 120 秒的间歇，让比赛双方运动员进行擦汗、喝水、接受指导……但尽管有了这些规定，规则中却没有使用 "ONLY O" 这个词，也就是说，比赛不在间歇期时，运动员确实要擦汗、喝水，裁判员会根据当时的场景来处理运动员的要求。

三、关于教练员场外指导的规定

在一场比赛中，死球时，允许运动员接受指导。

比赛从第一次发球至比赛结束应是连续进行的。不允许球员为恢复体力或喘息，或接受场外指导而中断比赛。所以，旧规则规定在比赛时不允许运动员接受指导。

但是，不允许指导出现的状况是，比赛时仍有许多教练员违背规则，在场下高声叫喊，指导队员。这就造成一个不大不小的困境，由于语言的不同，裁判员很难判断教练员是在加油还是在指导，其结果就是裁判员和裁判长要花费很大的精力忙于制止教练叫喊。其实，羽毛球比赛是需要运动员、教练员、观众互动的。观众在场下的助威声、加油声在很大程度上能够激起运动员的比赛激情，教练员的现场指导也更加能够调整运动员的状态，打出更加精彩的比赛。这里只是一个时机的问题，在运动员接发球时，观众应该保持安静，在比赛过程中，教练员也不可以指导，以免影响比赛。所以，新规则就特别规定，在一场比赛中，死球时允许教练员坐在运动员的端线外进行指导。除了允许运动员在死球期间，接受教练员的指导外，还有就是比赛进入60秒间歇的时候，队员可以主动走到教练员身旁，接受教练员的指导；最后一种方式是在交换场地时，教练员和运动员先交换场地，然后可以站在场地旁边进行指导。

四、关于裁判员职责的规定

临场裁判人员，对其所分管职责内事实的宣判是最后的裁决。当裁判员确认司线员明显错判时，应予以纠正。

在旧规则中，所有临场裁判人员，对其分管职责内所有事实的判罚都是最终的结果。如司线裁判，他对于线内、线外的判罚都将是对事实的最终裁决，裁判员不能改变。然而，裁判员权力的分散以及司线裁判员的权力加大，往往导致在比赛中，司线员偏袒某方选手的情况时有发生，而裁判员又无法左右。

针对羽毛球比赛这一情况，新规则规定，当裁判员确认司线员明显错判时，裁判员有权纠正。如比赛中，司线员将一个明显的界内球判为界外，这个错判是显而易见的，裁判员可以纠正，宣报："纠正，界内"（如球落在界内）；"纠正，界外"（如球落在界外）。不过，裁判员在执行这一判罚时，一定"眼要亮，心要明，处理要艺术"。

第三节　裁判员的级别和晋级办法

一、裁判员的级别和资格

在国际羽毛球联合会（IBF）2022 年公布的《裁判员手册》中明确规定：国际羽联在划分羽毛球裁判员级别上只设两个级别，即国际 A 级裁判和国际 B 级裁判。与此相对应的亚洲羽毛球联合会（ABF）也设立了亚洲 A 级裁判和亚洲 B 级裁判。这两类裁判原则都可以参与到 IBF 和 ABF 举行的国际或者洲级赛事裁判员队伍，并在裁判长的安排下进行裁判执法。

中国已经由国家体育总局乒羽管理中心负责制定出国家级裁判员的级别标准和资格认证标准。在中国共有多达 5 个等级的裁判员级别，具体由高至低的设置为国家 A 级裁判员，国家 B 级裁判员和国家一级、二级、三级裁判员，这种设置较多级别的做法有利于调动地方羽毛球协会的工作积极性，也让许多想做裁判员工作的羽毛球爱好者能比较容易地进入裁判员队伍。

需要说明的是，国际级裁判员和亚洲级裁判员的级别与国家级裁判员相比并无高低之分，它们的区别仅仅是批准授证的主管部门不同而已。但国际级和亚洲级的裁判员授证过程需要一定的资格证明，要求由国家协会推荐，个人提出资格申请同时要参与考试，当然，考试前的报名能否被接受与申请者执裁经历、执裁场次数量等条件有关，其中申请国际级别裁判员还必须能运用英语通过书面和口头考核。

鉴于申请成为国际级和亚洲级裁判员的某些特定条件限制，中国的羽毛球爱好者适宜更多地先选择国家级裁判员，在实践中提升至较高的执裁水平，并熟练地掌握英语能力，再申请国际级、亚洲级裁判员考核时，比较能够得到报名被接受、考试易通过的机会。

至于裁判员的资格应该有一定的区别，许多高级别的大赛事，特别是重要的国际赛事都会刻意要求高级别裁判员执裁，低级别裁判员很难立即被这些赛事所接纳。所以，在裁判员升级考试时，每一个低级别裁判员都应做好准备，抓住时机，尽早提升自己的裁判员资格。

二、裁判员的晋级程序

在了解了裁判员有哪些级别和如何划分资格后，就可以按照裁判员的晋级程序申请。通常都是由低级别裁判员开始晋级。没有取得低级别裁判员资格者一般不可能被更高级别的裁判员晋级机构所接受。

在中国，羽毛球裁判员的起步是从申请国家三级裁判员资格开始，这个级别的申请部门和考试、批准机构各省市规定略有差异。通常是由县或区一级体育主管部门或高等体育院校受理申请组织考核，授权批准。申请这个级别的裁判员不必一定要有执裁经历，但要求掌握国际羽联规定的裁判员手册内容和最新版本的《羽毛球竞赛规则》的相关知识。在取得这个级别的资格后可以参与市、县、区规模的羽毛球赛事裁判员工作。当然，这些授权的体育主管部门可以同时根据申请者个人情况授予国家二级裁判员资格。

但是，通常成为国家一级裁判员则要求申请晋级有一定执裁资历和实践执裁场次数量。所以，国家二级的裁判员会积极参与省、直辖市或自治区体育部门组织的羽毛球赛事执裁，逐渐认可得以参与国家一级裁判员执裁的赛事，经过省、直辖市或自治区审核批准，这些国家二级裁判员就有机会参加国家一级裁判员考试，合格者会被批准为国家一级裁判员。

客观而言，所谓国家一级、二级、三级的裁判员更应称为地方级裁判员，而国家A级和国家B级裁判员则有了难度的明确标准。首先，申请国家级裁判员资格必须具备4年以上的裁判员执裁工作经历，同时具有获得国家一级裁判员两年以上时间。其次，申请者应达到2002年国家体育总局《关于颁发裁判员技术等级制度通知》中对国家级裁判员的相关规定条件。最后，要申请者参加包括国家级、全省性和省、市、自治区或全国专业类羽毛球赛事执裁工作达6次以上。在这三个条件外，还对申请者的年龄（男性55周岁以下，女性50周岁以下），身体条件及原执裁记录等有关要求。值得指出的是，近年增加了对个别执裁水平较高，但仅达到二级裁判员资格者或年龄在25周岁以下，但执裁水平高的二级裁判员可以破格接受晋级申请，但这两类申请者应该在申请前得到中国羽毛球协会的认可核准。

三、裁判员资格考试办法

国际羽联和亚洲羽联对于国际级裁判员和亚洲级裁判员的报名资格要求严格，通常只接受各国羽协的推荐报名，同时会在自己的官方网站上发出报名要求和考试时间，至于考试内容大体上都会从国际羽联制度的裁判员手册内容和《羽毛球竞赛规则》中出题。国际级裁判员的获得更依靠于各国羽协的推荐和实际执裁资历的积累。

要想成为国际级或亚洲级的裁判员最好先从国家级裁判员资格起步。中国的国家级裁判员资格考试通常由中国羽协按每两年一次组织实施，具体方法常以文件通知的形式告知各省及自治区相关体育管理部门，在通知中也常会有一定的报名人数额度，接到报名通知的各地羽协开始接受裁判员资格申请者报名，并出具推荐资料给条件达标的报名申请者。

通过报名的申请者在指定时间段内参加考核，通常考核包括笔试、口试和现场执裁三个程序。笔试的主要内容是考核对规则裁判法的熟悉和了解，对各种规模的赛事进行抽签和编排对阵的方法，当然，基础是英语和羽毛球专业英语的能力也会列入考核。口试的主要目的是了解考试者的语言表达能力，现行规则的掌握程度和使用规则的水平。面临现场实际执裁可以对考试者执裁能力、应变能力、控制比赛能力和运用英语的能力等。当然，现场执裁者的着装、仪容和仪表等细节都可能关系到能否成为一名合格的国家级裁判。这些"印象分"对于考试者也非常重要。

在多年的中国羽协组织裁判员考试中，主要的考试内容大多出于由中国羽毛球协会编审的《羽毛球竞赛规则》[①]和《羽毛球裁判员手册》[②]两本教材。因此，由国家一级裁判员晋升到国家A级或国家B级裁判员，就要求每一个有机会参加考核者必须熟读牢记现行最新版本的羽毛球竞赛规则，同时也应有运用规则安排和组织比赛的能力。

总而言之，任何级别的羽毛球裁判员资格考试都需要熟读记牢由国际羽联在1999年出版的裁判员手册，最好是学习英文原版。至于准备先考取中国国内各级别裁判员资格者，则应学习由中国羽毛球协会在2003年审订出版的《羽毛球竞赛规则》和更新的竞赛规则，并在不断的实践中积累经验，善于总结，你一定能获得成功！

---

①　中华人民共和国羽毛球协会.羽毛球竞赛规则2003[M].北京：北京体育大学出版社,2003.

②　中国羽毛球协会.羽毛球裁判员手册[M].北京：人民体育出版社,1990.

参考文献

[1] 徐敏."领会教学法"在高校羽毛球教学中的应用与分析 [J].湖北成人教育学院学报，2009，15(6)：132-133.

[2] 王利钢，李小燕.指导发现式教学理论在羽毛球教学中的应用 [J].哈尔滨体育学院学报，2010，28(2)：93-96.

[3] 庞正伟.体育教学论 [M].北京：北京体育大学出版社，2003.

[4] 马宁.课内联赛教学模式在女大学生排球选项教学中的实证研究 [D].华东师范大学，2007.

[5] 刘立军.项目化教学在羽毛球课程中的应用与实践 [J].体育时空，2016(10).

[6] 谢斌.论民办高校羽毛球教学方法的构建与创新 [J].统计与管理，2015(1).

[7] 叶青，周志辉，张若波.对普通高校羽毛球选项课教学的探索 [J].合肥工业大学学报：社会科学版，2007(2)：175-177.

[8] 赵青.高校学生体育赛事市场化影响因素的调查分析与思考 [A].中国体育科学学会.第八届全国体育科学大会论文摘要汇编（二)[C].2007.

[9] 王松涛.体育教育专业贯彻新课标体操普修术科教学内容、方法研究 [D].东北师范大学，2004.

[10] 朱屹.表象训练在羽毛球普修课中的教学实验研究 [D].武汉体育学院，2008.

[11] 刘志英.羽毛球专修学生身体素质训练的实证研究 [D].武汉体育学院，2008.

[12] 王云玲.湖北省普通高校羽毛球运动开展现状及发展对策研究 [D].辽宁师范大学，2008.

[13] 刘彬，王倩，李志方.教学改革背景下游戏教学法在羽毛球教学中的应用 [J].环球市场，2017(19)：201.

[14] 楚霄.多媒体教学在体育院校羽毛球教学训练中的运用浅谈 [J].当代体育科技，2017(9)：98.

[15] 朱其跃.浅谈现代信息资源在高中羽毛球教学训练中的运用 [J].东西南北：教育，2017：38.

[16] 伍娟，林志军.浅析我国普通高校羽毛球公共课教学的现状及创新分析 [J].

体育时空，2013（15）：90-91.

[17] 蔡计高．终身体育思想与羽毛球教学改革研究 [J].湖南城市学院学报（自然科学版），2016，2：240-241.

[18] 王智斌．关于我国高校公共体育课教学改革思考与探索：以公共羽毛球课为例 [J].宜春学院学报，2010（8）：176-178.

[19]许瑞霞.羽毛球教学训练中创新能力培养的途径和方法[J].读天下，2016（24）：91.

[20] 李亚．对高校羽毛球教学实效性的探讨 [J].赤峰学院学报（自然科学版），2014（17）.

[21] 沈乐群．普通高校羽毛球教学实效性探讨 [J].吉林广播电视大学学报，2010（08）.

[22] 孟凡涛．对提高高职院校羽毛球教学实效性的分析探讨 [J].文体用品与科技，2013（04）.

[23] 刘素伟．普通高校羽毛球教学中存在的问题分析及策略研究 [J].当代体育科技，2013（35）.

[24] 刘敏，徐艳玲．羽毛球多球训练对提高体育专业学生训练效果的研究 [J].吉林体育学院学报，2011（06）.